畲族伦理的镜像与史话

SHEZU LUNLI DE JINGXIANG YU SHIHUA

雷伟红
陈寿灿 著

浙江工商大学出版社

白云悠悠

山青水绿

回家的路

畲族老人

畲族妇女

畲族姑娘

畲乡廊桥

前言

一

畲族是一个历史悠久、文化灿烂，具有互助、事群、俭朴、忠顺、信义、谦让、忍耐、和平、勤劳、刻苦这十种德性的优良民族。[1]据2010年全国人口普查的统计，全国畲族人口总数为708651人，分布在福建、浙江、江西、贵州、广东、湖南、安徽等省份。其中，东南山区的浙南、闽东是畲族最主要的两个聚居区，两地畲族人口占畲族总人口的77%。“畲”正式作为一个民族的族称，始见于南宋中叶。成书于嘉定、宝庆年间的《舆地纪胜》记梅州有“山客輋”，南宋末年刘克庄记漳州有“南畲”“西畲”，[2]文天祥记潮州有“輋民”。[3]1956年国务院正式公布畲族是一个具有自己特点的单一少数民族。畲族有自己的语言，即畲语，畲语有两种，一种属于汉藏语系的苗瑶语族，由居住在广东增城、博罗、海丰、惠东4县共1200多自称“活聂”的畲族人使用，这种语言接近于瑶族布努语炯奈话；另一种为现代畲语，除了广东4县之外，由其余居住在闽、浙、赣、皖等及粤东凤凰山地区占全国畲族总人口99%以上的畲族人使用。现代畲语是由隋唐时期古代畲语的底层成分、宋元时期汉语客家方言的中层成分和明清至现在的畲族居住地汉语方言的表层成分结合而成的。

畲族无本民族文字，通用汉文。全国唯一的畲族自治县为浙江省景宁县。畲族主要从事农业生产。关于畲族的族源，目前主要有“外来说”“土著说”

[1] 何子星：《畲民问题》，《东方杂志》1932年，30卷，13号。

[2] 刘克庄：《后村先生大全集》卷九三《漳州谕畲》。

[3] 文天祥：《文山先生全集》卷一一《知潮州寺丞东岩先生洪公行状》。

和“多源说”三种观点，其中“多源说”为主流观点，它主张武陵蛮、长沙蛮、百越民族、南迁的汉族，还有湘赣闽粤交界区域其他土著种族，共同缔造了畲族，他们都是畲族构成的要素，这些要素有主有次、有先有后地接触、交流、融汇、同化，经过一个漫长的有机的辩证互动过程，才发展、演化为畲族。畲族的族源反映了畲族在其历史曲折发展和民族形成过程中，同蛮、越、闽、夷以及汉等各族群体彼此互动、混化、交融的关系。

畲族原先分布在闽、粤、赣交界处的广袤山区中，是闽南、潮汕主要的原住民之一。唐朝中叶，畲族先民在遭遇到封建政权的不断南伸和北方汉民先进生产力的挤压之后，便不断向周边的深山密林处迁徙，从此开始了漫长的迁徙历程。元、明、清时期，由于各种原因，畲族陆续迁徙到闽东、浙南、赣东、皖东南等地的山区、半山区，并逐渐形成了今天大杂居、小聚居的分布状况。

二

畲族璀璨的文明中，特殊的文化样态无疑是值得关注和研究的，而在对这一族群文化的形成、形态、变迁及价值的探讨，揭示其内在的文化机制中，畲族伦理考察和研究的展开则显得尤为重要。因为，“伦理”不仅是“文化”中最核心的意识形态，也是解释某一“文化”形态的重要工具。当然，强调畲族“伦理”对于畲族“文化”的重要性并不是强调这两者之间的差异，而是旨在用一种“道德”的视角来探讨该文化的核心内涵。再者，人之为人，就在于其具有理性的品格，这是“伦理”形成的基本点，一方面，伦理作为人们对自身生活的设计和规划，即“生活本身过程”的实然状态，它能反映人们对生活方方面面的认知，如科学研究、经济运行、政治制度等；另一方面，则是关乎评价的，反映的是“人应当的生活”或“如何生活才是符合伦理的”，并由此演化出一系列的价值评价，即“德性的谱系”，包括善良、勤劳、勇敢、谦虚等。就这两个方面来说，“伦理”都是直接指向生活主体的人自身，指向具有理性而区别于动物的人如何能够自觉地“生活”。因此，“伦理”是“文化”研究中绕不开的一个命题。

如果要把人们的社会生活加以划分的话，会出现这样一个归类的“生活”，我们称之为“伦理生活”。社会生活作为人类多重生活的一个重要方面，加入了“伦理”的属性之后，其无时无刻不关切着人对自身认知有关的种种反思性话题，以康德伦理学为例，提出了“我可以知道什么”“我应当做什么”“我可以期望什么”和“人是什么”等问题，并通过类似的追问来讨论如何构建一个符合“理性生活”的“自由王国”。对于学术研究来说，即区别于学理化道德研究内容的“伦理生活”，这种“生活”的概念与我们常常提起的“道德价值”“伦理规范”等一些“道德”“伦理”的内容相比，会显得更加零散、直观，甚至是不言自明。尽管在这个“生活”的概念里，人们对道德规范的遵守更多的是采用一种经验的、直观的方式，但却丝毫不影响它的重要性，因为它和“道德价值”“伦理规范”这些学理化的概念一样，所有行为的发生也均是指向人们行为选择和价值评价的约定俗成的行为规范和价值准则。另外，“伦理生活”也同样反映某一时期的社会伦理的既有现状，并且反映得更加准确。更值得注意的是，我们经常研究的某一时期、某一社会的“学理化”的道德内容也正是源自于该社会、该时期的“伦理生活”，我们对这些“学理化”道德研究内容的归纳、界定的准确与否，也必须经过“伦理生活”的检验。

“伦理生活可以视为人在伦理意义上的‘在’世形态和过程。这一形态和过程既展开于多样的社会活动，也体现于世界中的日用常行，既包括理解、接受一定的伦理观念，也涉及按相关的伦理观念为人和处世。”[1]那么，对于畲族这个少数民族来说，“伦理生活”必定和畲族人民在社会活动中的种种习惯、习俗，日用常行中的种种特点以及为人处世所遵循的种种价值标准和行为规范密切相关。详言之，畲族的“伦理生活”应该是一个非常大的范围，它组成于这一族群的日常生活中的几乎所有的领域，包括生产实践、宗教信仰、风俗习惯、社会交往等。当然也包含一些能够印证畲族伦理内容中的道德标准、价值准则的更加具体和微观的行为准则或规范，比如民间法、乡规民约和禁忌等相对较小的内容。就一个具有自己特点的单一的少数民族而言，与其“伦理生活”相关的该族群生活中的方方面面，不管是对于承载“畲族伦理生活”的形式和载体，还是对于形式和载体背后所呈现的“道德伦理”，都有以下几个方面值得关注。其一是畲族“伦理生活”与其他社会群体“伦理生活”的共性，这种共性是体现在多个层次的。畲族作为中华民族的一员，它具有中华民族“伦理生活”的共性，比如受中国传统文化中的儒家文化影

[1] 杨国荣：《伦理生活与道德实践》，《学术月刊》2014 年第 3 期。

响下的一些特征，尤其是“仁义礼智信”等价值观念在“伦理生活”中的体现；比如农耕文明下生产方式和观念上的共性，畲族作为一个农耕文明的族群，它具有深厚的农本意识；再比如作为南方少数民族的共性，南方少数民族在族源上错综复杂的关系以及相似的自然地理条件下，其社会意识形态和生活习俗也呈现出一定的相似性。其二为畲族“伦理生活”的特性。畲族这一民族的“伦理生活”蕴含着独特而丰富的内容，其特定的历史经历和文化来源体现了畲族人民对自身生活、生产、文化价值等方面的理解和把握。独特的宗教信仰与风水观念、深厚的家族观念等，不仅是体现畲族“伦理生活”与其他社会群体“伦理生活”的差异性所在，也是体现研究和关注畲族“伦理生活”的重要价值所在。其三为畲族“伦理生活”的变迁。正如前面所说，畲族的形成源于多要素性以及各种要素之间不断的交流、融汇与同化，是一个漫长的有机辩证的互动过程。那么关注畲族伦理的变迁就应该了解畲族本身在特定历史经历的条件下所产生的自发的发展与变化，应该了解畲族与周边少数民族以及汉族客家长期的互动与交流的影响下所产生的变化与发展，尤其要关注在当代中国社会的快速发展中，畲族传统伦理也在畲族人民与周边民族互动中创新与发展，这种创新与发展虽略滞后于当代中国社会的发展，但却根源于并反映当代中国社会的发展与转型。

三

畲族传统伦理构成了畲族人民日常生活的基本规范机制、有效社会整合机制与文化传承机制，不仅具有自己特色的伦理思想体系，而且构成畲族伦理整体性的各方面内容也较为丰富。

一是畲族处理道德与财富之间的关系，包括如何获取、占有或者安排财富所产生的生产观念、交换观念、分配观念。畲族继承了中华民族在经济生活中所传承下来的极具普遍的美德，例如“诚信节制”“互信互利”和“买卖自愿”等。另外，作为一个山地农耕民族，畲族在社会经济活动中最显著的伦理取向体现于其民族独特的“农本观念”。在进行畲族研究的过程中，“八山一水一分田”常常被用来描述畲族聚居地的自然条件，而真正走入畲村，才能愈发感受到这个描述的确切。东南山区是畲族活动的核心地带，作为一个边远山区，与主要的商业地区毫无关联。由于各种原因，随着时间的推移，畲族人民开始向其他周边地区迁移，不过，他们并不是迁向已经有人占据的经济富裕的平坝之地，而是不断迁往更偏远的深山密林。畲民主要是依赖农业种植来养活自己，他们常常以“种田人”“山里人”来称呼自己，一般来说，“种田人”与“生意人”是分属两个不同系统的，“种田人”只要“跟风”“吃苦”就行，别人种什么，我就种什么，肯定错不了，只要吃苦就行。“种田人”要考虑的只有土地的事情。在旧社会，囤积更多的土地是畲民富裕生活的象征。随着社会的变迁，很多年轻人走出畲村，外出创业、打工，但是仍然保留着家里的土地。另外，农本意识与小农经济的体现，也往往决定着畲民生活水平的要求，畲民对生活的要求比较低，正如一畲民所言：“我们农民，吃饱穿暖就行，要求不会太高。”

二是畲族对人与自然关系的认知，包括自然物合理取舍、自然崇拜以及衍生出来的维护人与自然平衡关系的禁忌、习惯法及乡规民约。畲族人民自称“山哈”，意为山里的客人。“畲”同“畬”，“畬”字本义为“刀耕火种”。早在春秋时就有“不耕获而不菑畬”[1]之句。《说文解字》曰：“畬，三岁治田也。”《集韵》：“畬，火种也，诗车切。”这些都说明“刀耕火种”这一概念和畲族有着千丝万缕的联系。刀耕火种，宋代以前叫作“畬田”。1949年之前，畲民的农业生产，仍沿用着原始的“刀耕火种”的耕作方式。[2]刀耕火种作为古代少数民族的一种基本的生存方式，传统意识中把刀耕火种理解为落后、野蛮的毁林开荒是有失公允的，从生态人类学的角度出发，少数民族原始的刀耕火种方式，遵循的是一个有机的、整体的生态人类系统，当原始社会和原始民族已经不复存在之时，而刀耕火种依然能盛行千年，充分地表现了其存在的合理性。[3]畲族赖以生存的东南山区，地形复杂，层峦叠嶂，连绵千里，只有少量狭小的山间盆地或山涧可供农耕，且缺少充足的阳光，种植作物的条件极差。在这种极其不利的情况下，畲族从实际出发，创造了一套能够较好节约土地资源的独特的刀耕火种农耕技术，例如，严格的休耕轮作轮歇和生产节令。轮作轮歇的优点是可以节约土地，轮作的时间越长，节约的土地就越多。再如人工植树还林，古时“烧畬”形成的耕地一般只种三年，产量是头年低，第二年较高，第三年又相对下降，第四年因地力不足，一般就不种植粮食了，若地力还够得上种植番薯等其他粗粮的条件，

[1]《易·无妄》，第8页。

[2]邱国珍：《畲族刀耕火种生产述论》，《温州师范学院学报》2005年第3期。

[3]尹绍亭：《人与森林——生态人类学视野中的刀耕火种》，云南教育出版社2000年版，第17页。

便种植粗粮，若是不能，就植树还林。此外，畲族还有一系列有利于保护自然环境的乡规民约与习惯法，这些乡规民约、习惯法根据历史时间与地域的不同各有差异，内容大多与保护山林、农作物、动物、水源有关，历史文献中多有记载。还有些古代的畲族乡规民约和习惯法，被刻在石碑上，流传至今。

三是畲族对宗族、家族、婚姻的认知，以及呈现出该类认知的社会制度、社会关系结构、婚姻形态等方面内容。马克斯·韦伯认为，儒家文化所衍生出来的家族伦理，是支配整个中国人际关系的最重要基本点。[1] 汉族的家族文化以家族谱牒作为主要渠道，强有力地影响了畲族。由于畲族认同一个祖先，且主要由蓝、雷、钟姓组成，家族文化以其本民族“家族就是民族，民族就是家族”的独特形式，发挥凝聚畲民的意识形态和保持民族特征不被冲击和解构的作用，具体表现为宗族各支脉之间的频繁交流，两个陌生的畲民相见，常常会问道各属哪姓哪一支，畲族内部的经济关系和政治关系也与家族关系一样，有着错综复杂的关系。此外，家族文化还通过风水的功能展现出来。畲民传统认知中，风水与日后子孙的发展休戚相关，无论是外族人或者是本族人都被禁止破坏风水，如若本族风水遭到外族侵犯，族人势必会团结起来，一致对外，这无疑会加强族人间的情感和相互认同；而对于那些不遵守家族组织决议或者是破坏本族风水的族人，则处以严厉惩罚，以保障家族规制的权威性。畲族的婚姻伦理，其特征主要有以下几点。其一，婚姻形态的特殊性。传统社会中，畲族极少与外族通婚，一般都为族内婚，童养媳、童养子的情况广泛存在。其二，妇女地位独立。一般来说，即使是在传统社会，畲族妇女也不是男人的附庸，同时，畲族女性与男性一样都参加劳动，在畲村逛上一圈，就能见证畲族妇女在家庭经济生活中的独特地位，你能看到妇女们在溪边洗衣服、在稻田里劳动、修建房屋或者拖着一车很重的农产品前行。其三，婚俗习惯极具民族特色。穿插于畲族嫁娶中的各种仪式、舞蹈、歌曲，反映了畲民对婚姻关系的独特理解。

四是畲族对有关宗教的认知，主要包括宗教信仰、宗教活动、宗教仪式和宗教生活中一系列的道德诫命、奖惩制度等。祖先崇拜是畲族最主要的宗教信仰，“敬祖宗”常常被列为族规族训条例的首要内容。长期以来，祭祖成了畲族最隆重、最虔诚、最普遍的习俗活动。祭祖一般可分为三类：一为家祭，是以家庭为单位组织的祭祀活动，由于畲族居住比较分散，祭祀的仪

---

[1] 马克斯·韦伯：《韦伯作品集Ⅴ——中国宗教、宗教与世界》，康乐、简惠美译，广西师范大学出版社2004年版，第23页。

式和具体时间也因地而异；二为墓祭，即每年清明节，各家各户带上纸钱、香及肉食供品到祖坟前祭奠；三为祠祭，祠祭在祠堂举行，举族参加，仪式最为热烈隆重，通常要做比较多的前期工作，如整扫祠堂、陈设器皿、洗涤用具、备办祭品等，祭祀的程序复杂，要唱族源歌，跳祭祖舞，甚至是抬着祖先的“神轿”出游。此外，按照畲族传统，年满十六岁的男子要举行“做醮”（又叫“度身”“学师”）的祭祖仪式，即通过一种名为“传师学师”的祭祖仪式，期望继承先祖的意志和力量，成为一个受尊敬的人。当然，除了主要的祖先崇拜之外，畲族还有一些其他的宗教信仰，例如神圣化的本族传说和历史人物，包括插花娘娘、雷万春、雷海清信仰等，以及随信于汉族的一般佛道神明和地方俗神，还敬鬼神，信巫术。

四

把握民族伦理的目的有二，其一是微观地考察这一区域内的地方性知识，尽可能地还原其伦理生活场景；其二是宏观地了解该民族伦理的由来、进展、结构和主要内容。然而，要达到这两个目的，真正了解和把握某一民族的伦理，需要一套得心应手的研究方法，尤其是在现代经济发展中社会各要素之间的关系正趋向复杂和多元化，不断出现的新的文化现象实在使人眼花缭乱的情况下。畲族伦理研究所涉及的一系列领域，例如“道德变迁”“交往伦理”“节日仪式”和“风俗习惯”等，不仅需要伦理学普遍方法的引导，更需要得到实证研究的验证。畲族伦理生活背后隐含的文化因素是什么？仅仅依靠形而上的逻辑推理和道德推演是不可能完成的，研究客体的复杂性及其本身内容的特性决定了本书研究的伦理人类学立场以及多学科方法交叉共同开展的研究方法。首先，伦理人类学旨在立足于田野调研并做出与之相符的文化解释，与本书研究的目的之一——发现畲族伦理的特殊性，并做出合理的解释不谋而合；而试图还原一民族的伦理生活，想要用平常的话语叙述来理解道德概念只能使用田野调查这一传统的人类学方法。其次，田野调查法要求研究者长期地参与、观察当地人的生活，研究当地的社会结构与当地人的思想观念，了解他们的文化。通过田野调查工作获得真实的第一手资料，进行分析和解释后，有助于更深刻地揭示畲族伦理的内在规律与运行机理。而民族伦理研究中的另一重要人类学方法是深度访谈法，通过直观、真实的面对面深入交流，形成一系列的个案研究，考察不同个体之间的文化认知与认知差异，增强采集样本的代表性和权威性，这对整体性地把握畲族伦理提供了更进一步的可能性。

此外，作为一个单一少数民族的民族伦理研究，其研究方法要适应该民族文化研究的特性，比如说，有的少数民族文化精髓常常是以肢体或者歌舞等形式来呈现，那么研究方法上就要适应这种特性。以畲族为例，畲族文化内容深厚，有自己的语言，却没有自己的文字，而相关的民族习俗、民族活动十分丰富。本书便是基于此，在研究方法上做了某种尝试，即影像人类学的方法。影像人类学，又称之为视觉人类学，“它专注于对人类行为在可视形象中的多角度全方位的研究，同时，它旨在推动对日益繁复视觉的人类学的开发教学和文化互动的发展研究”[1]。当前，视觉手段是人类学与民族学研究的重要手段之一，它正被广泛地应用于人类学、民族学研究的电影纪录片、摄影图像中，效果斐然。同样，对畲族伦理的考察作为民族伦理研究的内容，要求研究者参与到畲族社会生活中去，作为一种图像语言的转述或者研究者观察的工具，毫无疑问，镜头与影像相对于文字有着不可比拟的优势，人类学家吉尔茨强调要“深描”，维特根斯坦说“描述足够浓，意义会出来的”。在人类学的非普遍主义立场和田野调查基础之上的“深描”方法，对民族伦理学的研究有着积极意义。本书尝试运用影像人类学方法，期于伦理意义能够进一步显现，通过摄影、图像与文字相结合的表达方法更直观、更感性地认知与理解畲族伦理的丰富内涵。

五

中国是一个统一的多民族的国家，中华伦理文化实质是由全国56个民族共同创造而成的，这其中当然包括畲族。研究畲族这一族群的伦理道德，旨在弘扬这一少数民族的文化，揭示其基本的伦理精神，贯彻国家民族政策的基本精神，为这一民族的改革开放和现代化建设提供理论支撑。而对于某一民族进行专题伦理研究，可以比较系统地梳理该民族的伦理文化资源，同时也可以给其他民族的同类问题研究带来借鉴作用，其中蕴含着巨大的理论创

[1] 吴丽、张宇丹：《影像人类学及其关键概念的解读》，《云南艺术学院学报》2011年第3期。

新空间。这种研究将弥补学术界关于畲族伦理研究内容的空白，丰富民族伦理学的内容和中国伦理文化的本土化内涵；由于是多学科、多视角、多层次对畲族伦理聚焦研究，也可以拓展并深化尚处于建设发展中的民族伦理学的研究范围和研究层次；同时全面地揭示畲族的伦理精神，探索畲族伦理精神的有机结构、生长过程、发展脉络和内在联系，有助于建构与当今社会发展相适应的畲族伦理价值体系及其原则和方法，构建畲族地区和谐的伦理秩序；更为重要的是，这种研究也必将推进畲族所固有的品格和独特的伦理精神的深入探索，进而推进对畲族伦理的现代价值的探讨，彰显全球化进程中伦理文化的民族化特色和内涵，推进构建有中国特色的社会主义伦理文化。

目录

Ⅰ · **聚居密林的千年山哈** 001

1. 从生态伦理到生活实践：一个闽东畲村的生态与生活 005
2. 滞后中革新：从生态伦理到生态经济 014
3. 恪守与发展：美丽乡村和生态旅游 021

Ⅱ · **交往：因尊重他人而肯定自己的过程** 031

1. 茶叶、茶人、茶事 032
2. 交往习惯法 041
3. 家谱 051
4. 契约 058

Ⅲ · 婚姻：依据人性法则的契约存在 067

1. 招赘婚 068

2. 童养媳 075

3. 赤郎 084

4. 夫妻关系 093

Ⅳ · 伦理是文明的产物又是文明的工具 101

1. 流淌的文明：畲语应用 105

2. 歌是山哈传家宝 109

3. 定情信物 126

4. 畲族医药 136

Ⅴ · 信仰：自然崇拜与祖先崇拜的融合 149

1. 石头崇拜和树木崇拜 150

2. 凤凰崇拜 156

3. 插花娘娘信仰 167

4. 巫术信仰 172

Ⅵ · 基于人性善的道德智慧与实践 179

1. 官德 180

2. 医德 190

参考文献 196

后　　记 201

I

聚居密林的千年山哈

畲族迁徙足迹与居住选择书写着一幅生态、生产与生活和合伦理的画卷。从畲民内心对自然的敬畏与关爱，到生活实践的行为呈现，从生态伦理意识到与生态经济的现实组织与运行，我们确信，畲族生态伦理绝不是一种抽象理论论证，而是有实际强调效果、共有可实践性、可操作性的道德生活，畲族的生态伦理是生存法则与实践智慧。

希望的田野

畲族璀璨的文化中蕴含着极其丰富的生态伦理思想。“衣裳斑斓，语言侏离，好入山壑，不乐平旷”[1]，这是《后汉书》中对畲族先民的描述，又有畲族史歌《高皇歌》云：“自愿唔爱好田地，山场林土自来开，龙麒自愿去作山，去巽皇帝分江山；自耕林土无粮纳，做得何食是清闲”。这些都是畲族长期以来在深山密林中谋求生计的证明。粤东、闽西、赣南的交界地区是畲族的原居地，这里山林毗连，是一片广袤的丘陵地带。明清时期，畲族开始迁入浙南地区，那里仍旧是闭塞的山区。总之，不管是畲族的发源地，还是历史上频繁的迁徙活动，都与山林有关。畲族长期山林生活的原因是什么？传统落后的“刀耕火种”劳动方式与封建政府的压迫和军事镇压固然是客观原因，然而，意识来源于社会实践，反过来又指导社会实践，畲族乐于山林生活的文化心理是长期在深山密林谋求生计中形成的，又反过来影响畲族人民具体的生活方式，使之“靠山吃山”的观念固化，并且深植在其社会经济生活中。例如，畲族传承千年的《开山公据》，又被称作《抚徭券牒》，其内容主要可以概括为两点：一为祖先传说，即龙麒揭皇榜、斩番王、娶公主的神话故事，一为祖先山林生活、刀耕火种、不赋不税的生活愿想。《开山公据》之所以传承千年，并且成为畲族史诗文献，便是源于这两点内容的重要性，它们建构了畲族人民最基本的文化认知与认同。祖先传说一方面表现了畲民对始祖的崇拜，另一方面又体现了畲民对开垦荒山、迁徙无阻、不赋不税的山林生活的认同。同时，这两者又是统一的，是畲民精神印记与社会生活的重合。因此，可以说，内植于畲民心灵深处的精神信仰塑造了畲族长时期山林生活的社会历史。

畲民自称“山哈”，“哈”畲语为“客”，“山哈”指的就是山里的客人，这一概念极具生态伦理意蕴，山里的客人，意味着畲民内心对人与自然的关系有着独特的认识，人类并不是山与自然的主宰者，而是自然的依赖者，是依附于山林的客人。亚里士多德指出实践性是道德的本质属性，道德理论终究只是一个实践的问题。“伦理生活本质上是实践的，从而，谈伦理生活无法与道德实践相分离”[2]，“而少数民族道德生活就是各个具体的少数民族的有道德规范和德性的活动”[3]。道德生活的主体是人，而人是置身于具体生活世界中的人。根据马克思的理论，人的实践活动造就了现实生活世界，而

[1] 范晔：《后汉书》卷八六《南蛮西南夷列传》，中华书局1965年版，第2829页。

[2] 杨国荣：《伦理生活与道德实践》，《学术月刊》2014年第3期。

[3] 陈文江、李小蓓：《少数民族道德生活的内涵与特征》，《道德与文明》2013年第2期。

现实的生活世界影响着人们的观念。以畲族族群生活呈现出来的“人观”，即畲民以自我为参照物，其对人的认知，就是“安土重旧，弗事商贾”的“种田人”，就是对生态环境负有责任、与自然和谐相处的颇具生态伦理意蕴的“山哈”；同时，畲民又能够自觉地把自己投射到“山哈”的角色中，使畲族生态伦理在具体生活中得到实践。畲族生态伦理思想就是如此，它是畲族人民千年以来的实践智慧，同时又能切切实实运用在畲民经济生活、文化生活、道德生活中，实际上就是自觉地把“生态”“生产”“生活”的伦理内容融合在一起，使之呈现出生态、生产、生活“三位一体”的民族生活状态，并且教化了畲族的道德风范，培育了畲民的民族性格。这种生态伦理理论不是教条化、形式化的，它能够真正内化在畲民生活中的每一处，去担当一种道德约束和价值引导，并且成为畲族文化的一个象征与符号。

1. 从生态伦理到生活实践：一个闽东畲村的生态与生活

上金贝村属福建宁德市蕉城区城郊的金涵畲族乡，距离城区约 10 分钟的车程，是全国首批“中国少数民族特色村寨”之一。村名取作上金贝，表达的是村所处的位置，即坐落在金溪背面山上的村庄，原名为上金背，因“背”与“贝”同音，改成“贝”，有祈望发家致富的意思。上金贝村隐于海拔 300 多米的山坳中，全村共有 80 多户，300 多人，均为畲族，所以也称作畲家寨。初入上金贝，经过一座高高大大的牌坊，上书“中华畲家寨”，映入眼帘的是依山而建的一排整齐的民房，景色极佳，村屋座座相连，清一色的粉墙黛瓦，远看似一道屏障，近看又似马头墙翘立的徽派民居。村前有一池塘，里面种着荷花，我们去时正值盛夏，为荷花盛开之时，一片片莲叶相接，点缀其中的朵朵荷花别样艳丽。小村在一池莲叶荷花映衬下显得格外秀美，村边的小路上有一个葡萄棚，繁茂的绿叶形成一条玉带，煞是美丽。围绕着小村的是郁郁葱葱的绿色屏障，有遮天蔽日的原始次森林，有规规整整、层层叠叠的茶林，也有错落地铺填在高地与低坡的果实累累的蜜柚林。眼前的一片绿色，既是造就上金贝的美丽要诀，又是让上金贝人走上致富之路的钥匙。

上金贝是典型的畲村，畲族传统文化保留得比较好，畲语、畲歌、畲族服饰、畲族习俗在这里都能看到。另外，上金贝有较为深厚的历史文化积淀，据说一千多年前这里就是禅林圣地，目前尚存的上金贝寺就是始建于唐代的千年古刹，在这古刹中，现存一座古墓，墓型非常特别，是墓又是塔，建有龙形石脊，非常精致豪华。这引起了全国各地的史学家和考古学家的极大兴趣，使得他们纷纷前来考证墓主的身份。不管是独特的民族传统，还是悠久的历史遗迹，都给上金贝村增添了美丽的一笔。

上金贝村不仅有优良的生态环境、深厚的文化积淀，且其经济发展在福建少数民族村寨中处于领先的地位。近年来，上金贝村大力发展农业经济，着力壮大农业特色支柱产业，提高农民的经济收入。目前，上金贝村促进经济发展的一些措施已经获得了较大成效，在特色农业与旅游业的带动下，农民收入大幅提高，而且与之有关的农村基础设施建设逐步完善，交通条件也得到了较大改善。对上金贝人来说，这几年来的变化，可谓非常大。上金贝村原本是一个经济落后、产业单一、信息不通、交通不便的贫困村，人均收入不超过千元。2007 年起，上金贝村启动了新农村建设，广泛地发动群众参与，齐心协力，共同推进上金贝的新农村建设，全村面貌发生了翻天覆地的变化。如今，上金贝村先后被评为旅游名村、全国文明村、AAA 级旅游景区等。据统计，2011 年上金贝村的农民人均纯收入已达到 9600 元，村集体经济收入 30 余万元。[1] 其中，观光农业已经得到了长足的发展。到 2014 年 7 月份，村民人均收入达 13450 元。特色农业支柱产业与观光农业的发展，为上金贝村的产业经济注入了新的活力，促进了农村产业结构的调整和优化。如今的上金贝，俨然是一个现代农村生态经济、社会主义新农村建设的典范。

上金贝的成功固然离不开国家及地方部门的政策支持，离不开成功地把握了全国范围内新农村建设的机遇。更值得一提的是，上金贝的成功包含了极大的人文因素，其中就有畲族人秉承的生态理念和经济理念。离城郊只有六七公里的上金贝，在农村的经济转型中没有选择开发一些效益产出较快较大的其他产业，而是选择了以土地耕种、经济作物种植为主的特色农业，因地制宜是一个原因，畲民身上传统的生态意识，对农作物与土地的朴素、本能的安全理性则是另一个原因。通过了解，上金贝所有的村民中，外出打工的非常少，经商的更是极少，大部分村民都耕种粮食或者其他农作物。走入上金贝，一片和谐和静谧，村民在地里忙碌着，孩子在村中玩耍着，与围绕

[1] 游国斌、张群：《新农村建设中民族乡村特色休闲产业发展研究——以宁德市蕉城区上金贝村为例》，《西南农业大学学报》2013 年第 8 期。

老屋

屋内

绿色山居图

雨中上金贝村

上金贝的自然环境融为一体，显得无比和谐，畲民身上一脉相承的小农生活特性在这里体现得淋漓尽致。

造就上金贝村的生态、生产、生活一体的和谐景象，离不开畲民质朴淳厚、坚韧耐劳的民族性格以及与自然环境和睦相处的生态理念。在 2014 年 7 月访谈了上金贝村现任村委会主任蓝春华之后，我们大致了解了上金贝村这几年来的变化。

我叫蓝春华，今年 38 岁，是上金贝村的村委会主任，从 2009 年开始到现在，我已经做了两届的村委会主任。上金贝村最早开始作为一个景区建设我就参与了，那是在 2007 年，当时我还不是村委会主任。为什么要建设上金贝民族特色村寨这个景点呢？我认为是因为我们村以前比较落后，比如说，2007 年景区刚开始开发的时候，我们整个村庄的人均收入，也只有 2000 多元，当时村里的集体经济收入基本上是零。为了改变这一落后状态，加之我们有一些比较独特的资源，基于因地制宜的考虑，在政府和相关部门的支持下，全村决定创建上金贝民族特色村寨旅游景点。这个决定来源于当时的一个机遇，2007 年时任宁德市市委常委、组织部长的郑民生来我们村里进行考察，那时候我们村的建设工作还没有开始，而市里有十个市级新农村建设点的名额，看了我们村的情况后，郑民生部长就把我们村列为其中一个市级建设性试点，后来，他看到村里发展得不错，就有了把我们村提升为市级新农村建设点的想法。于是，郑部长把我们村的情况汇报给了宁德市委，希望把我们村提升为一个市级的新农村建设点，本来原定计划的名额只有十个，后来通过市委决定，又增加了一个名额，把我们村纳入了。

从被评上市级新农村建设点开始到实施建设，还经历了一个规划的过程。2007 年 3 月份，市里请来了福建农林大学的研究人员董建文，邀请他为我们村做整体规划，董建文在考察了我们村的实际情况后，接受了邀请并在同年的 7 月份就完成了规划。规划完成后我们也收到了一份，当时我们看到规划后，其实是很不相信的，不相信这个建设点能对我们村的发展起到这样大的作用。原来认为，那些领导来考察只是做一下场面活动而已，或者只是拿个几十万算是给我们投资，随便做一些政绩而已。之后在规划启动的时候，市里的郑民生部长又召集了我们镇里的领导，并且给予了我们持续性的支持。从项目确定到开始实施，郑部长一直都是主动地给予我们支持的，比如说把我们村作为新农村建设点开发的时候，郑部长召集了各个部门过来，一起给我们出谋划策，交通不好，就给我们修路，村里缺少一个湖，他也邀请一些专门做这个的单位来进行设计和建设。从 2007

年7月份到2010年9月份，前后投入的资金就达到了3000多万元。当然，这3000多万元并不全部由政府出资，不过早期的投资都是政府出的，也是占大头的，有2000多万元，其他的1000多万元是来自一些企业，这些企业是由政府联系的，比如说蕉城区城投公司，这些企业和我们合作，等景区建成产生了经济效益，企业也就获利了。

村里的总体规划是2013年7月份通过的，建设的范围由我们原来的3.5平方公里扩展到了5.6平方公里。我感觉现在我们村里的情况与2007年之前相比已经发生了翻天覆地的变化。2009年的时候我们把村里的公路重修了一遍，由原先的3.5米加宽到现在的7米，解决了交通不便的问题。我们还在村里修建了宾馆、客运公司、建文帝广场等。村民的收入水平得到了大幅度的提高，人均纯收入已经达到了13000多元。村里产业结构也有了较大的转变，以前几乎所有的村民都以种植粮食为主，现在我们则大力发展农业观光产业，种植各类蔬菜和水果，我们的蜜柚已经形成了品牌，在全国范围内都有了一定的名气。景区建设方面，2014年6月份我们被批准为AAA级景区，正着手打造AAAA级景区。

其实我们村在这几年的发展历程中，也遇到了不少的困难。比如说土地的问题，可能对我们畲民来说，自古以来就对土地的依赖感非常强，所以我们在处理土地的问题上也非常小心，不然就非常容易出现矛盾。在村庄开发过程中，就有村民反对，他们认为这个土地是自己用的，所以不允许其他人进行改造。有的村民还到我办公室来吵，差点就要打起来，说什么也不肯让别人来占用他们家的土地。不过在2007年之后，情况有了好转，村民对于村庄改造的态度有了较大的改变，大家开始慢慢接受了。现在我们这里的土地都已经落户了，都有了明确的归属关系，而且村里又专门成立了土地开发有限公司，对周围可利用的土地进行承租，根据不同的地段以不同的价格进行补贴，比如说好一点的地段补贴是每亩550斤稻谷，山地的话是每亩350斤稻谷。村里的产业，如荷花塘、葡萄园这类经济效益好的，由村民个人承包，村里进行统一管理。另外，考虑到生态圈平衡的因素，我们会对土地制定相应的作物结构，让村民根据自己的实际情况，自由地认领相关的作物产业。我要特别介绍一下我们的农业大棚，农业大棚种植的是蔬菜、水果等经济作物，其中，蜜柚种植面积达500多亩，是我们村里的主要经济作物之一。我们这里地理位置较好，气候适宜，土壤肥沃，特别适合蜜柚的生长。同时我们又从外面引进了优良的蜜柚品种，因此，种植出的蜜柚口感好，市场反应好，相当畅销。现在我们已经注册了“金贝”蜜柚商标。

一开始我们发展农业观光产业和农业特殊支柱产业是抱着这样一个初衷的。

因为我们是住在山里，传统的思想观念还是比较深的，到目前为止我们村的村民外出打工的极少，即使有也只是在附近打打零工，一般家里都种着地，或者是种着其他的农作物，反正每家每户都有地。就拿我来说吧，我家里也有两三亩耕地，林地有三十几亩，自己家种的粮食自己还可以吃，而且有一定的农业补贴。有人问我有没有考虑过不种地，我的想法是，作为农村人，种点地还是好的，起码有个保障。我的父辈更是如此，他们都觉得种地会比较踏实，我想如果农业补贴更高一点的话，粮食种植的积极性可能会更高，现在种植粮食主要是人工成本问题，像从插秧到收割，前前后后，需要十几天到二十天的时间，一亩地的人工成本基本上达到了 2000 元，因为一个正常的劳动力在外面打工，一天都能赚 200 元了。既然要种地，而单纯的种地又发展不了经济，生态环境虽好，经济落后也没用。因此我们就想到了发展一些能产生经济效益的农业产业，这样既可以保持良好的生态环境，又可以提高村民的收入水平。所以说，我们村的生态经济得到持续发展是因为我们独特的地理位置和自然资源，是源于我们畲民传统的思想观念，总觉得离不开土地。

全村的整体规划是上面统一布置的，按照生态、生产、生活相互结合的产业模式进行发展，上级有关部门统一策划。我们村是省农科院的挂靠点，很多事务都是由他们来扶持和指导，他们也经常会安排一些技术人员来我们村，但是我们也一直都是坚持走生态发展的路线，要保证我们祖宗传下来的良好的自然环境不被破坏，所以我们在发展特色农业的过程中，也一直都关注着这一点，比如说，一些经济效益比较好的作物，村民就想进行扩大生产，除了土地和资金的限制外，还要考虑会不会破坏生态圈。再比如说我们村作为一个旅游开发点，可能有时候带来的经济效益比较大，但是由于生态环境的因素，我们会加以限制，尤其是对生态圈有所破坏的旅游开发项目，我们更加不会做。在这一点上，以前我们就有这种传统的思想观念，这几年来在农业产业发展和旅游开发的过程中，村民都能自觉地遵守，尽量保护好上金贝的绿水青山。

磨刀石

2. 滞后中革新：从生态伦理到生态经济

由于自然地理位置的封闭，长期生存在化外之地，历史上畲族社会经济状况长期落后于汉族地区。对畲族古代社会经济状况的探讨一般以隋唐时期作为开端。唐代，居住在闽、粤、赣交界的山区的畲民，以游耕捕猎为生，生活方式非常原始，甚至还保留着树居的习惯，整体上处于原始社会的发展阶段。那时候的畲民，生活在“天高皇帝远”的自由天地，“刀耕火种”“结庐而居”，跟外界接触很少，正如陈元光在《请建州县表》一文中所说：“况兹镇地极七闽，境连百粤，左衽居椎髻之半，可耕乃火田之余……所事者搜狩为生。”[1]由此可知，那时候畲族虽然有了自己固定的居住区域，也有了自己的民族服饰，但“刀耕火种”的原始生产方式还未受到汉族地区封建社会的侵袭。自从畲族居住区域有了封建郡治后，畲族才渐渐被纳入封建王朝的实际统治，其社会发育状况也渐渐进入封建社会阶段，同时随着农业生产力的提高，畲族的生产方式已经有了部分定耕农业种植。虽然中原封建势力的延伸使畲族社会生产力得到了较大的提高，但是相对于中原地区，畲族仍然是偏僻落后的土著居民。南宋刘克庄感叹：“畲民不悦，畲田不税，其来久矣。”[2]畲族不受赋役，原因不仅是封建王权对偏僻地区统治得不够严密，更是因为畲族生产力的低下，使其难以承受沉重的赋税。也正是由于对畲民征收封建赋税，宋明以来，闽、粤、赣地区频繁地爆发大规模的起义。经历宋明时期剧烈的冲突与融合，畲族不管是在文化上还是在社会经济状况上都得到了较大的改善，明末清初畲族已经基本上完成了从原始社会向封建社会的转变。清代，封建制生产关系在畲族地区已经具有了绝对的优势，然而，土地的高度集中，畲族内部阶级的分化，大量的土地归汉族地主所有，广大的畲民无地、少地，只能租汉族地主的土地耕种谋生，成为佃户。因此，在整个漫长的封建社会时期，相对于汉族，畲族一直处在更落后、更弱势、更受压迫的地位。

新中国成立前，畲族人民生产落后、生活贫困，和其他各族人民一样饱受帝国主义与封建主义的压迫。新中国成立后，畲族人民翻身得解放，没收和征收地主、富农的土地，经历了土地改革后，畲族人民分得了土地，生产积极性高涨。20 世纪 50 年代起，党和政府对畲族地区开展了各项扶助、救

[1] 嘉庆《云霄厅志》（民国版）卷一七《艺文》，转引自蒋炳钊：《畲族史稿》，厦门大学出版社 1988 年版，第 115 页。

[2] 刘克庄：《后村先生大全集》卷九三《漳州谕畲》，四川大学出版社 2008 年版，第 2401 页。

济工作，并且在发放贷款和救济金的同时，号召畲民互助互救，由此，畲族地区的社会形态和经济发展出现了根本性的改变，确立了社会主义初级阶段的社会形态与社会主义的组织方式。农村生产责任制在全国范围内实行，畲族农村也经历了转折式的发展，从过去的“以粮为纲”转变为“因地制宜”“靠山吃山”等多种经营方式相结合的生产模式，树立了商品经济的观念。当前畲族社会已经取得了经济上的重大进展，各种文明意识也被广泛引进，社会面貌发生了翻天覆地的变化。尽管如此，其较之于当地汉族仍有较大的差距。从经济生活来看，一方面，畲族地区农业占主导地位，手工业基本上也是作为一种副业与农业紧密结合，民族经济和民族产业结构还未完全形成，这是导致畲族社会经济发展缓慢的现实原因；另一方面，缺乏计划安排的生计观念，加之长期处于封建压迫和歧视下所形成的自我中心意识的历史遗留问题，也同样阻碍了畲族的社会经济发展。有研究畲族经济的学者就指出：“由于历史和现实诸多因素的制约，现今 70 余万畲族总人口中，仍有近 77％为乡村人口，且从文盲人口比例，大专以上高学历人才比例，以及职业构成中从事第一、二、三产业的人口比例等方面来看，畲族社会经济文化发展仍较明显滞后于周边汉族，且低于全国平均水平。”[1]

从经济伦理的角度来看，长期以来，低度发展的生产力与山林生活的生计模式桎梏了畲族经济的发展，使之长时间游离于区域市场经济的边缘。“弗事商贾”的农本意识根深蒂固，是畲族经济转型的巨大羁绊，“番薯丝吃到老”的历史记忆则催生了畲民对简单物质生活的满足感和对传统农耕经济的迷恋和执着。然而，畲族长期的迁徙，从聚居族群嬗变为散杂居民族实际上是一部畲汉互动交流史。在现代社会，利用区域资源，发挥传统文化中的精华部分，是畲族经济变迁的动力。从生态伦理的角度看，畲族长期积淀的丰厚的地方性知识，尤其是悠久浓厚的山地农耕经验和生态保护意识，乃至其相互依存的优良的生态环境，自然不会长期地沉寂。毫无疑问，在当今社会生态文明语境下，畲族传统生态意识在推进畲族经济发展的过程中已经逐渐显露出“后发”之力。首先，文化与经济互动和传统与现代整合在推动畲族经济转型的过程中透露着传统生态观念的痕迹，这一点从一些畲村由传统的农耕转变为现代农业的典型例子中可以看出。更为重要的是，从个体的层面，畲民对传统生态意识的恪守，正逐渐融入经济观念的转变中。能够佐证畲族生态意识

[1] 王逍：《走向市场——一个浙南畲族村落的经济变迁图像》，中国社会科学出版社 2010 年版，第 2 页。

融合于经济观念的典型案例非常多。

松阳县板桥畲族乡后塘村的村委会主任蓝龙奇给笔者讲述了他经营蓝莓种植的经过。

我叫蓝龙奇，今年48岁，2005年开始当后塘村委会主任，现在已经是第四届了，我毕业于松阳县电大经济管理专业，大专学历。年轻的时候干过很多行，最早的时候是打工，做木匠，帮别人做家具，干了13年，那时候是1981年，高中还差一个学期毕业就出来做学徒了。1983年木匠学成后开始自己干，干到1996年。因为是做木匠行业，我家的房子也是自己造的。那时候工资很低，一天只有20多元，现在工资高了，请一个木匠干一天活，在主家吃饭、给一包烟的话要花250多元，净工资都要200元。我是在五六年前才开始经商的，做木匠之后我还搞过建筑，大概做了4年到5年的时间，一些机关单位招标，我就去投标承包，我自己没有成立公司，挂靠在浙江某工程公司，中了标有项目后给公司交管理费，费用为项目工程款的3%。到现在为止，不知道做了多少个工程，大大小小的都有，已经算不清楚了。稍微大一点的工程有七八个，例如板桥畲族乡文化中心、卫生院、小学等，我觉得相对来说，搞建筑的收益还是比较好的。

在县委统战部与绍兴统战部牵线的情况下，我从2011年开始做蓝莓种植。由于绍兴市蓝莓种植早、规模大、效益好，果品公司也做得比较好，省里就出台文件帮扶结对，松阳县安排和绍兴那边牵线，只要是松阳种植蓝莓的农户，有什么困难，他们都帮忙解决。刚开始我种了2万棵蓝莓苗木，成本大概40多万元，当然还有一些其他的费用。当年投入了50多万元，到现在为止已经投入了150多万元了，目前，种植规模逐渐扩大，基础设施也得到了进一步的完善，现在蓝莓基地的道路、灌溉设施都弄好了，每年还要雇三四个人进行管理。我的蓝莓基地其实就是家庭农场的形式，通过承包村里的山地，总共有110亩，开发成平地，从而能够种植蓝莓。蓝莓种植的技术及管理我是从绍兴学来的，绍兴新昌县那边有个蓝莓基地，只要有需要的话，我都会去那边学习苗木的种植和管理技术。

种植过程中也遇到过一些困难，比如说刚开始种植时的灌溉问题。由于我们这边夏天降雨量少，蓝莓这个东西不怕冷，怕热，零下20—零下30度冻不死，温度超过35度就要浇水，否则会被晒死。因此，夏天要浇灌，当初设施不全，2012年7月份遇到高温，持续了34天，最高达37—38度，平均35度以上，晒死了4000多棵蓝莓，相当于总棵数的1/5。我当时非常着急，赶紧打电话给绍兴果品公司，之后还为此事专门赶到绍兴，那边的技术人员给予了解答，其实

花开村头

菌菇如花

蓝莓种植一定要有浇灌设施，没有肯定不行。我在丽水地区种植蓝莓是最早的一批，是松阳的第一家，大家都不知道是怎么一回事，没有做好灌溉设施，2012年遇到高温，从绍兴回来后，我就立即搞了浇灌设施。另外一个困难是资金的问题，基础设施要跟上，最大的问题就是钱，为了搞好基础设施，我向亲戚朋友借了六七十万。当然，关于蓝莓种植，我也做过一些考察和论证。下决心种植蓝莓前，我多次去新昌考察，觉得效益可以。一开始家人反对，出去考察后，发现种的人不多，竞争小，市场调查体现出来的前景也很好。之后通过论证，把土壤拿去化验，pH 值不超过 5.5，因为蓝莓种植要求的是酸性土壤。之后还把外面的教授请了过来，咨询我这里能否种植蓝莓，教授说当地的气候和土壤是适合种植的，于是我就下定决心种植蓝莓。

山区种植经济作物，当初我不知道到底种什么是最好的，而这边的大多数人种板栗，我出去考察后，发现蓝莓前景比较好，于是去调查。蓝莓是外国引进的，北方青海种植得多，品种也多。南方种植得比较少，因为受土壤、气候等条件的限制。我去超市买来吃，看看到底是什么味道，然后买了很多书，网上查阅了很多资料来学习蓝莓的知识。总的来讲，从刚开始种植蓝莓到现在有一定的规模，经济效益还是比较好的，板栗、茶叶的效益不高。蓝莓是水果之王，5 月中旬到 6 月是蓝莓采摘的季节，过来采摘的话每斤蓝莓能卖到 60 元。我们的蓝莓还有一个重要的特点是生态种植，由于我们是山区地带，生态环境比较好，种植出来的蓝莓是绿色食品，这就使我们更有市场竞争力。

曾当选为“宁德市十大杰出青年”的福建霞浦畲山红茶业总经理雷曾铁先生，他的生态茶叶种植与蓝龙奇的蓝莓种植过程截然不同，我们曾在他的茶室与他畅谈，他跟我们讲述了他的故事。

我初中毕业以后进了部队，退伍后就到了泉州那边做电子贸易生意，从 1998 年一直做到 2006 年，做得也不错，后来村里面要派人出去学习制茶，年轻人都在外面没有回去，我妈当时是村里的书记，别人不回来，自己的儿子好说话，就把我叫回来了。那时候我们属于贫困村，按照省里的扶贫计划，每一个贫困村要派一个省直机关的干部下驻在村里，来帮助各村脱贫。我回来后被下驻干部派去学习种茶、制茶，学会后教村民种植茶叶，那时候我指导村民种植“金观音”，所收获的茶叶，光是两叶一芽的茶叶一斤都能卖上 60 元，我们用的是最好的有机肥，整个茶场一片浓浓的菜籽油香味，是宁德地区种得最好的一片茶场。另外当时村里实行茶叶产业转型的“绿改乌”计划，就是把种植绿茶改成种植乌龙茶，以当时的市场环境来看，那个计划是对的，乌龙茶热销，价格能达到100元一斤，而且产量又高，短期内的确能给村民带来经济效益，但从长远来看又是错误的，改掉了本来优良的茶叶品种，也就是现在看来经济价值更高的土茶。

当村里的人仍旧在跟随市场种植乌龙茶的时候，我决定种植原生态的土茶。现在市场上的茶叶种类数不胜数，如果你还随波逐流，是赚不到钱的。我想做一个较有特色的茶叶品牌，因为大家都知道，畲族人住在山里，我们茶叶的质量绝对要比其他人的好，还有一个原因是我们畲族人经商比较厚道，讲诚信，不会掺假，我就承诺我的茶叶绝对没有打农药、除草剂。事实证明，我当时的决定是比较明智的，现在的市场环境下做土茶品牌，无论是销量还是附加值，都应该是更高的。不过，我觉得我还是没有把它做好，一是资金不够，二是销售平台、销售渠道存在一些问题，打造一个好的销售渠道实在需要太多的精力和时间。

当初我决定不随大流种植乌龙茶，村里大部分人对此是有看法的，认可我的决定的人很少，这可能跟我们那边畲族人文化程度比较低有关，现在还相对好一些，以前很多人上学一般都是上到小学三年级，就不读了。教育是很关键的，受教育程度的高低，决定了一个人看待事物的高度。

现代社会，你知道的，人对饮食条件要求特别高，茶叶也是如此，现在市场上很多茶叶是喷催芽剂和农药的，尤其是为了赶在春茶上市之前出茶。你想象一下，现在喷的农药，在茶叶和土地上的残留不仅仅是一天两天，甚至能达到60年的残留，农药残留的危害大家都知道，茶树有什么病就打什么药，各种农药混合，产出来的茶叶虫吃了会死，对人肯定也没有好处。打了农药的茶叶，我们叫作虫不吃人吃，而我们的茶叶，是虫吃了人吃，我们一年只做一季春茶，春茶采完就让虫去吃，垦复后第二年再来采，自然就是质量好的茶叶。当然，我们这样做成本高，产量低，正常的茶叶种植一年能收三到四季茶青，而我们的只有一季，虽然垦复后每季比别人多出50%左右的产量，但一年的产量也只有别人的三分之一。因为我们做的是生态有机茶，销售的价格自然比较高，目前我们的茶叶价格最高的是每斤2500元，平均价格能达到每斤600元左右。另外，我们的茶叶的重要特点就是把畲族特色和茶叶商标以及公司名称融合在了一起，我的想法是，我们水门乡属于畲山，那里有两座很有名的山，一座叫作金山，一座叫作玉山，金玉满堂都装在我们畲山里，所以我就产生了把公司名称取作畲山红的想法；而公司的畲凤商标，一个目的是为了突出畲族的特色，另外一个是要彰显我们民族的图腾——凤凰。这种带有民族文化的商标在进驻市场的过程中也确实给我们带

山间溪水流

来了一定的便利，当人们看到我们的商标时，首先想到的是生态，这成了我们在茶叶市场竞争的优势。当然，一个企业如果要做好品牌，那不是三言两语的事情，质量和诚信是必需的，处于基础地位，此外还需要一定的资金，要得到市场的认可。

3. 恪守与发展：美丽乡村和生态旅游

我国各个少数民族的形成和发展首先深受其所处环境的影响，尤其是其所处的自然环境。畲族所处的地理环境决定了该民族的禀赋发展与社会发展，早期畲族生产方式落后，生产力也较为落后，畲民对大自然的依赖性较大，因此也相应地产生了与生活环境融为一体的畲族文化。在早期畲民那里，人类在严峻的自然环境与落后的生产力面前显得异常弱小，畲民的生产繁衍必须要依靠大自然的赐予。对他们而言，自然的赐予是生存的基本，比任何东西都重要。生存和发展的法则要求人类不能任意地掠取资源、破坏环境，而长期依赖于自然的生活方式，也使畲民懂得珍惜资源、保护环境的重要性。这种最初的与自然互动而形成的物质依赖以及因生存压力而形成的准则规范，经历了长期的历史积淀，融入民族文化中，就衍生为畲民依赖自然、保护自然的伦理意识。

传统的生态观念和历史习惯并没有随着社会的发展而消失，它仍深藏于畲民社会文化的内里并在现代社会中发挥着重要的作用。如今，在畲族聚居区，畲民依赖自然、保护自然的传统生态观依然存在。庆幸的是，这些传统的观念并没有阻碍畲族村落的经济发展，反而有利于推动畲族经济的发展。目前，在广大畲族村寨，兴起了大力发展生态旅游之风，畲族本身所拥有的优良的生态环境资源便有了用武之地。一方面，畲族生态旅游的发展，彰显了畲族与自然和睦相处的传统生态伦理，生态旅游的目的不仅仅是休闲娱乐，更是传达一种环境保护的理念，告诉人们应当协调好人与自然的关系，维护生态的平衡，保护好自然环境；另一方面，历经千年山林生活的畲族在现代社会不改变优秀的伦理意识的情况下，选择了一种绿色的发展方式，这不仅能提高畲民的生活水平，更能把畲族的生态伦理思想传播开来。畲族聚居地的民族村寨大多具有保存得比较好的原生态环境，来旅游的人们能在这里感受到环境的自然魅力，这不仅能使人享受到平时难以触及的平静和愉悦，而且能在获得审美感受的基础上进一步思考自然环境在人类生活中的重要性。

值得一提的是，畲族村寨的生态旅游极具特色和吸引力，一些村寨还充分利用了少数民族独有的风情，把畲族传统的文化融入进来，传统的生态观正逐渐转变为一种发展资源。目前，浙南及闽东两个最大的畲族聚居区的民族村寨生态旅游搞得有声有色，并且能够依托国家社会主义新农村建设和“美丽乡村”建设的政策，进一步改善畲族地区的生态环境和畲族同胞的生活。从一些畲族生态旅游发展的情况来看，已经呈现出生态优化和经济发展并行的良好态势。走入畲族聚居区，从畲族群众的实际生活中可以看出，畲民已经改变了以前生态优良而生活贫穷落后的状况，这使他们不断固化了这样一个伦理观念：“优良的生态环境是生活的根本，处理好人与自然之间的关系才是发展的根本保障。”笔者曾走访了浙江省温州市泰顺县竹里畲族乡，近年来，该乡的以生态旅游带动农村经济的发展策略实施得非常好，农民收入水平和生活水平得到了大幅度的提高，充分体现出畲族生态伦理观念对经济发展的促进作用。在和竹里乡党委书记钟圣远的访谈中，我们大致了解了竹里乡这几年来发展的情况。

我叫钟圣远，我介绍一下我们乡这几年来生态旅游和农业产业化发展的大致情况。我们竹里乡是泰顺县唯一的畲族乡，以前也有其他的畲族乡，后来经过撤并，最后只留下我们这一个畲族乡。我们乡的基本概况主要有以下几个特点。第一个特点是人少地广，总人口是 3300 多人，面积有 47 平方公里。第二个特点是林木资源、竹木资源特别丰富，林地平均每人有 20 亩，全乡有 6 万多亩；毛竹人均有 4 亩，全乡有 1.32 万亩，所以说，毛竹是我们的主打产业。我们这里的林业大多属于生态工艺林，国家级的生态工艺林有 4.6 万亩。第三个特点是我们有比较浓郁的畲乡文化底蕴，泰顺有很多畲族文化传承人，包括省级、市级的非物质文化遗产传承人，其中很多的传承人出自我们竹里。竹里乡畲族人口有 1100 多人，比例占 33%。近几年来，我们乡在促进畲族文化的发扬方面做了比较多的工作，尤其是一些节庆活动。比如三月三等活动的宣传，2006 年温州市第一届畲族三月三风情文化节是在我们竹里举办的，这几年来又逐渐演变，2009 年成为温州市瓯越三月三畲族文化节，到今年已经上升为整个省里的三月三畲族文化节，这是我们举办三月三文化节的历程。此外还有我们对畲族文化的弘扬和保护做的一些工作，特点是在村庄改造等方面，都凸显出民族的特色。我们最初是从改善基础设施做起，首先是建筑外观方面的改造，包括把畲族的图案、符号展示在建筑上，还有就是把一些畲族建筑中的老房子保存下来，通过修缮，使它们呈现出民族特色。第四个特点表现在我们乡发展休闲观光旅游有一定的基础和优势，这些优势体现在地理位置上。我乡背靠乌岩岭国家自然保护区，6 万多亩的林地中有将近 4 万亩是属于乌岩岭国家自然保护区的实验区范围。前临飞云湖——温州的大水缸，后面是乌岩岭自然保护区，我们乡正好处在这两者中间，这就使我们在发展休闲观光旅游方面有独特的优势。

结合以上提到的四个特点，我们提出了把整个乡共 47 平方公里作为一个大景区的概念，来做休闲旅游观光产业，打造全乡景区化。具体的措施是，通过美丽乡村的创建，使其作为一个载体，把全乡打造成美丽乡村建设的基地。目前我们做好了全乡美丽乡村建设的规划，已经在逐步实施当中，在具体建设中，全乡的三个村各自根据本村的特点建设。第一个村是竹里村，我们打算把这个村打造成以畲族文化为主、竹文化综合展示的精品美丽乡村，比如通过竹雕产品的展示、竹文化的挖掘，把畲族文化、竹文化还有农耕文化进行融合。第二个村是茶石村，这个村的特点是生态工艺林很多，毛竹的面积也很广，村里的多数人已经下山脱贫了，留下了一些老房子和古建筑，这就很适合打造成一个原生态的森林旅游村或者度假休闲村，以此来作为这个村美丽乡村建设的切入点。最后一个村是何宅洋村，我们打算以土地流转的形式，把土地流转给外面来的一些农业发展公司，通过发展现代农业，包括精品水果、花卉等种植业，把该村创建成一个省科技特派员的创业孵化园。具体操作就是把省里及其他单位派过来的一些科技特派员集中到该村，专门提供一块地方作为特派员的创业孵化园，借此来打造现代农业的示范点，并且在此基础上带动乡村旅游的发展。

在打造乡村休闲旅游产业的规划中，我们以一村一个特点，依托对竹文化、畲族文化、农耕文化的挖掘及三者的结合在全乡推行美丽乡村建设，实际上是通过本地特点文化的挖掘来打造一个农业观光、大农业的概念。近几年来，通过我们的努力，已经取得了一定的成效。

畲乡经济发展要做规划，而规划则是所有工作展开的基础，我们的规划是从 2012 年开始做起，规划内容包括两个层次：全乡的整体规划和三个村的个别规划。规划中总体的发展方向和目标是由我们乡自己提出来的，包括把全乡打造成一个具有农业特点的基地、民族风情的体验区、乡村休闲旅游的目的地等。规划的批准和实施是通过县政府以及县财政的支持来完成的。具体过程是我们提出方案和目标，县里批准和支持。我们积极争取浙江省美丽乡村建设方面的优惠政策，目前已经取得了一些相应的成果，我乡先后被评为“国家级生态乡”“县级美丽乡村精品村”和“县级乡村旅游精品线路”等。实际的成果还有近几年来我们农家乐产业的发展，目前我们有五家较大规模的农家乐，其中一家是省级示范农家乐，两家是市级示范农家乐，竹里村是市级的农家乐旅游示范村，所以总体来说我们乡的农家乐是全县做得最好的，一年接纳的游客量达到 20 万人次，客源主要来自温州和本县。

目前看来，我们乡打造休闲观光农业产业的发展势头较好，前景较广阔。自去年开始，我们计划推进民族特色村寨的改造，对整个村的外墙进行改造，第一期已经完成了，已投资四五百万元，接下来的畲族文化广场、畲族文化展示厅我们也正在建设。竹文化这一块，我们计划把竹文化的内涵挖掘出来，建造百竹园，即百种品种竹子的展示，集休闲、观光、科普为一体，这些计划在今年进入实施阶段。其次，还有竹文化与餐饮文化之间的融合，包括竹制品在餐饮中的体现，以竹为主题的农家乐。农耕文化这一块，我们立足于水稻、水果种植，通过让来自各地的游客认领水稻、水果种植地的形式，来推动现代观光农业的发展。举个例子来说，我们的生态有机山茶油，目前有几千亩的基地，游客认领了山茶油，并且通过原生态的手工加工，这样一来游客既可以在这里住下来，也可以把产品买走。

我们畲乡有比较浓厚的生态保护意识，如何把这个和农村经济发展结合起来，来创建有民族特色的美丽乡村？我是这样想的，建设美丽乡村，一定要有一个产业支撑。这就要求把当地的产业发展和美丽乡村紧紧地结合起来，这样美丽乡村建设才会有生命力，才会有持久性。比方说我们乡的美丽乡村建设，乡村的基础性建设，如卫生状况、建筑外墙当然是很重要的，但是更主要是要体现出一个产业的特点，把当地的文化与农业基地的建设、休闲旅游观光、农家乐的建设等相结合，和美丽乡村建设相融合，这样才是具有生命力的。

这几年畲族传统生态观念的优势在竹里乡畲族经济发展中体现了作用，但是，即使是拥有了良好的生态旅游资源，也需要让外地的人知道，这样才能吸引游客来这边休闲旅游。相对来说，宣传这一方面是我们做得比较薄弱的地方，这方面我们主要的措施是通过美丽乡村的评选活动来进行。目前我们竹里村入选温州市十佳美丽乡村，同时积极到省里去参加美丽乡村的评比，并且入围了三十强。宣传工作我们主要是在县内开展，在县内竹里乡已经家喻户晓了，县外的一些宣传则是通过三月三畲族文化风情节这个平台，因此在市里也拥有了一定的知名度，

旅途

全省范围内影响较大的媒体宣传我们还没有，这是我们做得不足的地方。宣传的主要问题有两个，第一个是投入还不够，另外一个是宣传的载体找得不是很准。接下来宣传方面的工作要加强，我们计划通过网站、微信平台、节庆活动等载体让更多的人来了解我们，比如说我们最近做的一个“彩色水稻”项目，在温州市内已经取得了一些反响，很多外地游客因此慕名到这里来参观。此外，目前我们美丽乡村建设中基础设施建设还有些不足。比如说住宿，今年我们在这方面的计划是发展民宿，打算建设一个拥有七八十个床位的民宿接待所，如果说民宿没有解决的话，接待能力就比较差。游客过来旅游，除了要解决吃的问题，另外一个是要把游客留下来，就是要解决住的问题。我们的目标是使游客过来后，最少要能在这里待半天以上的时间，这样我们就可以结合百竹园、畲族风情村等观光旅游项目，融入一些民族风俗表演，并且使之日常化，让游客能够参与到民族风俗的体验中去，使游客能在这里待得住。

以生态为本的发展策略确实给我们带来了比较大的改变。从产业发展来讲，我们的方向非常明确，通过“三产”挖掘，竹文化的挖掘，使竹子产品的附加值更高，既可以把竹文化的名声打响，又可以增加农民的收益。现代农业的发展，通过土地流转，使农民不仅可以不用种田，还有租金收入，即使有想种田的，也可以进入农业公司打工，由于农业公司管理的规模效应不断提升，农民的收入也提高了。目前乡里农家乐的产值每年能达到一千来万元，农家乐能吸收就业，员工全是附近的村民。此外，农民种植的农作物可以供应给农家乐，从而带动农民的收益增长。2012 年的时候，乡里的农民平均收入是 6000 多元，现在是 8000 多元，年均增长率是 15%，增长率是较高的，这说明了我们这几年来所做的工作还是有一定成效的。

最后，我还要重提一下生态环境对我们乡发展的重要性。我认为，生态向来是我们竹里乡整体发展过程中的基本点，而不仅是由于建设美丽乡村的过程中对生态环境有所要求。竹里乡对生态的保护、原生态产业的挖掘的想法应该是比较早的，其主要的原因当然是因为畲族民族乡的生态保护意识，除此之外，还有两个外在原因。其一是这里有温州五百万人口饮用水的水源，在这里不允许发展一些会污染环境的产业，例如一些会造成环境污染的养殖业，在我们这里都没有，以前残留的也全部清理了。其二是我们认识到必须要利用当地原生态的环境来吸引外面的人，也许从某些因素来说，在旅游方面，我们竹里乡并没有占太多优势，那么就必须要利用“原生态”这一特点。整体来说，乡里的群众对这方面的认识还是比较一致的，他们不仅能认识到生态环境不能被破坏，并且会有意识地去挖掘一些原生态的习俗和文化，这可以说是我们乡里的一个亮点。

无独有偶，松阳县的象梅畲寨生态旅游开发与泰顺县竹里乡美丽乡村建设的情况非常相似，我们曾访谈了象梅畲寨的负责人、松阳象溪镇的上梅村支部书记蓝水法。以下为他给我们讲述的关于象梅畲族生态旅游开发的情况。

我叫蓝水法，今年 62 岁，上梅行政村双坑自然村人，我们村是一个民族村，全村共有 18 户，80 多人，村里有蓝、雷、钟、叶等好几个姓。我的文化水平只有小学毕业，之后出来做事，经历了很多磨难。我当选过县里第二、三届人大代表，县政协委员，还是首届的党代表，这边的畲族人都称我为蓝老大。我简单介绍一下我们的休闲旅游项目，我们主要是以畲寨农家乐的形式搞旅游开发，成立的公司全名为象梅畲寨休闲旅游开发有限公司。这个项目是提前做了规划的，规划图由浙江的一个旅游规划设计院提供，规划已经通过了县政府组织的评审，预计投资 2.97 亿元，建设规模达面积 5.8 平方公里。目前的投资已经有 600 万元，主要的投入是为了解决休闲旅游中吃的问题。我们的经营范围主要有小型餐馆、旅游景点和小型会议，市政府的一些部门常常会来这里开座谈会、调研会，板桥一镇两乡农家乐的培训也是放在这里。

再说说开发象梅畲寨的经过。2010 年开始，村里开两委会议，也就是党员、村民代表会议，会议内容为按照我村实际情况，利用地方资源搞旅游开发。会议通过后，8 月份就开始动员，经过讨论后决定先到外面考察，11 月份组织团队到台湾考察，考察是经过镇政府和县政府的审批才去的，一共组织了 33 个党员干部和村民代表。回来后开始设想梅畲寨的开发方案，并向县里提交提案。县里的林书记很重视，再三到我们村里考察调研。2011 年 7 月份，由县政府牵头，我们聘请设计院过来考察和设计规划。规划完成后，2012 年开始实施项目，前期的政策处理、征地，村里、周边村都很支持。公司由我负责经营管理，首期的投入是以股份制的形式，总共有 5 个人入股，注册资金 200 万元，以我为主，投资占 60%，其他四人各 10%。象梅畲寨的工作人员都是村里的村民，男工 1 天 100 元，女工 1 天 70—80 元，项目第二期的话可能会考虑让村民入股，除此之外，我们也向银行贷了 200 多万元。目前畲寨的景点主要有青风寨，以前是钼矿洞，洞深 5000 米；旅游度假设施有农家乐，农家乐有 5 个包厢，大厅 60 个座位，一次性可以容纳 260 人，打电话来预约的比较多，周末营业情况很好。另外我们还准备建宾馆，卖自己酿的白酒，自己做的豆腐和腊肉，山里的野菜、萝卜、野

绿树掩村

畲家史话步道

笋等，主打原生态。以前是自己弄，现在政府很重视，丽水电视台、浙江电视台都来报道过。这么多年搞过来，今年才刚刚有了名目，县里评十个休闲养生村，我们被评上了，后来又先后被评上了农家乐发展特色村和旅游示范村。

我们搞畲寨休闲旅游开发，主要是为了解决村民的就业问题，宗旨是发展乡村经济。年轻时在农村，三十六行甚至七十二行都干过，酸甜苦辣都尝过，为了生存拼老命。大前天市领导来调查研究，我们农村人说话随意，认为现在中央到省里再到地方的民族政策，落实得很不到位，这一点市领导也承认。党的政策都好，真正落到实处的很少。畲族人淳朴、好客、忠诚，听党的号召，听政府领导，就是搞经济也只搞生态经济，决不破坏环境，危害乡里。我希望政府不能因为畲族人的忠厚、淳朴，而对我们不够重视。

竹林清风

II

交往：因尊重他人而肯定自己的过程

伦理生活在本质上是实践的，它既在人与人的交往生活中形成，也在人与人的交往中发挥功能，还在人与人的交往生活中获得检验并得以前进。而且，伦理的生活是诉诸对于他人的恰当的尊重的态度和出于对这种态度的恰当的行为习惯。这种伦理当然不能脱离具体的形式与内容，我们可以从茶人、茶事与交往习惯等人文活动中得以感知，也可以从家谱记录与契约文书等实物性载体中获得感悟。

1. 茶叶、茶人、茶事

畲族居住在山区，那里盛产茶叶，畲民爱喝茶，从而形成了独特而丰富的茶文化。

畲族有许多茶俗。畲族人在产妇分娩的第三天，要用茶水给孩子洗头，并举行“做三旦”酒宴，谓之“茶水洗三”。在恋爱婚姻中有以茶为媒、以茶为聘、新客卵茶、喝宝塔茶、蛋茶红包等习俗。青年男女自由恋爱，双方父母同意后，男方要请媒人说媒，要送给媒人说媒礼，茶叶是不能少的。媒人收下礼物后，到女方家说媒，女方父母同意婚事，就请媒人吃“卵茶”。之后，男方要择日给女方送聘礼以定亲，聘礼中要有茶叶。在结婚前一天，男方迎亲队伍进入女方家里坐定后，女方要与男方对歌即唱劝茶歌，而后要喝宝塔茶，亲家伯要用牙咬住“宝塔”顶上的一碗茶，用双手夹下中间三碗茶，把中下层四碗分别递给四位轿夫，而后一口饮干咬着的一碗热茶，才算了事。迎亲队伍接走新娘后，前往新郎家。一路上，要让牛开踏行道，每经过一个村庄，都要放礼炮三响，村庄里的男女老少就会出来拦住新娘，村里的妇女向新娘敬卵茶，新娘致谢，然后接过卵茶稍微喝一点，并以茶包、糖果等酬谢敬卵茶者。新娘到达男方家里后，婆家让一位父母健在的姑娘端上一碗加糖的蛋茶递给新娘吃。新娘象征性地吃过蛋茶后，发给她蛋茶包，姑娘还要端上一碗清茶，送给新娘漱口，新娘再给漱口包。在丧礼上，“祭动身”“宣娘家”要用茶，还要以茶随葬，畲族要给死者配以茶叶米（米中拌以茶叶），用小袋盛之，随葬于死者棺木之中。此外，还有以茶祭灶神和祭祖的习俗，在每年祭灶神和祭祖的时候，茶是不可缺少的祭品。

畲族逢年过节要喝茶。大年初一，全家人团聚，在吃饭前喝糖茶，谓之“做年茶”。在一座楼里，若住几家人，就要按户泡几盘糖茶，分送到各户，进行互相祝贺，称之“迎春茶”。喝糖茶，嘴头甜，预示着全年交好运。正月头一次“出行”归来，要喝“出行茶”。正月初五“开年驾”，大扫除完毕，也要喝糖茶，预祝田园大熟，五谷丰登。清明时节，要上山采摘新鲜茶叶，冲泡，喝清明茶，促使明目。十二月祭灶日，要喝“祭灶茶”，亦称一年完满，送神上天过年，为“送神茶”。

畲族饮茶有一套规矩。“茶哥米弟”，留客就餐时，要先供茶，然后开饭。不泡“单身茶”，即茶的杯数要多于客人。“有心泡茶八格碗，无意泡茶满满满”，即太满则欠雅，太浅情未到。“无意冲茶半浮沉”，有意请客喝茶，

春茶吐翠

雪吻茶园

必须用沸水将茶叶泡开，让茶叶沉落杯底，溢出香味。否则，茶叶浮在杯面，就有对客人不礼貌之嫌。“谈天泡芽，卤菜下茶”，在人际交往中，一杯热茶是头一道待客的见面礼，而头杯茶要先敬远客与长辈。因此，素来热情好客的畲族主妇，都有一个“人客落寮便泡茶”的习惯。除泡茶给客人外，还拿出卤菜、花生、豆子供客人下茶，作为“茶泡”待客。[1]

畲族有许多饮茶禁忌。第一大禁忌是客人来了不泡茶。畲族认为，客人来到家里不给泡茶，是件非常倒霉的事，不仅让客人没面子，也让家人没面子，甚至被人数落和嘲笑。二是禁忌拒绝茶。主人给客人倒茶，如客人拒绝，主人会觉得没面子，以为客人嫌弃自家的茶不好或是瞧不起自家，故客人不能拒绝主人给你冲泡的第一杯茶。如客人只喝一杯，不喝第二杯，也是一种失礼的行为。三是禁忌冲满茶。畲族有“茶满欺人”的习俗，因此主人事先泡好七分茶，放在茶盘里，再送给客人。四是禁忌乱放茶。畲族忌讳将茶叶放在不洁的地方，要将泡好的茶水摆放在较安全和干净的地方，以示对客人的尊敬和避免烫伤孩子，同时客人也不能乱放茶。五是禁忌客倒茶。客人对主人泡的茶，即使真的不想喝，也要象征性地喝上几口，千万不能把茶倒掉，否则会很伤主人面子的。六是禁忌不纳茶。畲族有送茶示好的习俗，爱将茶作为礼物送给亲朋好友，如果拒绝接纳茶，就是拒绝他们对你的真诚和友善。七是禁忌手抓茶。既忌讳直接用手抓茶叶给客人泡茶，又忌讳手掌朝下伸开五个指头抓住茶盏的上端端茶给客人，主要是因为那样做不卫生，对客人不礼貌。八是禁忌喝猛茶。若喝猛茶，怕开水太烫，容易烫到人，也怕噎着。九是禁忌隔夜茶。隔夜茶有毒，喝了隔夜茶，对人体健康不利，故禁忌喝隔夜茶。十是禁忌话长短。畲族人聚集在一起喝茶时忌讳讲人家的长短，否则会“惹出话端”，从而影响彼此的团结和和睦。此外，还有忌饮烫茶、冷茶和浓茶，忌饭前大量饮茶，忌食后立即饮茶，忌饮冲泡时间过久或次数过多的茶，忌空腹饮茶。[2]

畲族流传着许多关于茶的谚语。如“清明发芽，谷雨摘茶”“园里无茶不成寮，山上无茶不成树”“七月挖银，八月挖金”和“公惜孙，茶惜根”。可见，畲民对茶情有独钟。正如畲歌《畲家礼俗不离茶》所唱——

宁德天山春茶长，姐妹上山采茶忙，
山哈风俗茶礼大，为人处世先茶汤。

[1] 颜素开：《闽东畲族文化全书·民俗卷》，民族出版社 2009 年版，第 43 页。
[2] 梅松华：《畲族饮食文化》，学苑出版社 2010 年版，第 170—175 页。

人客来寮厅堂坐，山哈风俗不离茶，
上祖流传祖公礼，先敬一盘清明茶。
人客来寮坐厅背，一盘清茶捧出来，
双手捧茶给你吃，借问朋友几日来。
做年做节要供茶，大年初一吃糖茶，
人客来寮莫失礼，饭前饭后一盘茶。
娶亲花轿进娘家，大细男女笑哈哈，
赤郎扛轿功劳大，先吃一盘感谢茶。
六亲吃酒在厅中，新娘泡茶在盘中，
双手捧茶六亲吃，茶仪放在杯中央。
茶叶泡茶杯来装，是娘亲手送给郎，
娘茶无糖又无蜜，清水泡茶有这香。
好园种茶叶来香，天山名茶春分长，
是我娘村地土好，清水泡茶喷喷香。
吃了娘茶解心凉，天山名茶值银两，
茶礼是大人情好，人情又在碗中来。
山高水清茶叶香，想您不是愚蠢郎，
吃茶要看茶叶好，茶礼人情传四方。
居住高山云雾波，山哈无园不种茶，
园中都是种粮食，园乾种茶满山坡。
山区生活靠勤劳，山哈历来靠种茶，
茶叶远销国内外，增加财税利国家。[1]

宁德市蕉城区八都镇猴墇（盾）村村民雷富良讲述了他经营茶叶的情况。

我今年40岁，初中毕业回来后就没有出去打过工。在家里，我先是种植茶叶，后来种植得多了，就开始办起了茶叶加工厂，搞的是茶叶粗加工。目前我自己的茶叶比较多，有60多亩。我们这边土地的使用比较特殊，土地没有说是属于谁家的，都是村集体的，我们猴墇（盾）村在20世纪80年代就开始提出了“打破祖宗山”的理念，土地不分配给个人，土地上种植的茶叶归个人，谁去种谁得，共种共有。当然村里面也有集体的茶厂，有500多亩茶叶，还有200多亩林场，

[1] 雷志华、蓝兴发、钟昌尧等:《闽东畲族文化全书·歌言卷》，民族出版社2009年版，第750页。

变迁的村落

这是属于集体的。我们个人的茶叶，村里所有的人总共有700多亩。茶叶加工方面，村里有两个茶叶粗制厂，也都是属于个人的，精制茶厂目前还没有。我做茶叶加工从1996年开始，到现在将近20年了，目的是利用当地的资源，来为村民服务，把村民的茶青收来，加工卖出去，变成现金，换成钞票，我们的茶叶都是提供给北京的公司，去做原料，他们通过精制，加入花瓣，再拿到市场上去卖。也就是说我们负责粗加工，茶叶采下来，茶叶粗制，他们负责精制和上市。

从20世纪90年代开始我们做无公害茶叶，全部茶叶都是不打农药的，也不使用催芽剂，拿到国家质检中心去检测，全部都合格，都未检出农药残留。我们种植茶叶的品种有“福安大白”“浮云六号”“金观音”“黄观音”等，“福安大白”“浮云六号”一般都是用来做花茶的，其他的一般都是用来做红茶的。茶叶种植最忙的时候是在清明前后，采春茶，需要40天左右，要赶在新茶上市前把茶叶采出来，有时候太忙，采茶工我就要雇约50个，本村的人手根本不够，要到邻村去雇人。春茶的茶青价格比较高，好的有每斤10元左右，差的也有五六元，夏茶的茶青就不值钱了，一般的只有1元1斤。种植茶叶是靠天吃饭，产量说不定，气候好就能多采点，气候不好就少采点，有时候天一直下雨，茶青长长了，原料坏掉了，就不值钱了。

我们村主打的产业是茶叶和脐橙，除茶叶之外，我们村里还有400多亩脐橙，橙子的销售有的是自己拉去市场卖，也有的是卖给来村里收购的商家。

我不搞茶叶精制是有原因的。茶叶精加工有很多程序，需要的人手多，而且销路也是个问题。现在茶叶行业不景气，茶叶精制本身竞争也很激烈，福安的很多茶叶精制厂都倒闭了。我们依托北京的茶叶公司搞茶叶粗制，给他们提供原料，他们整个茶叶生产线都要求无公害，公司是老字号，非常有名，茶叶的销售价格也高，给我们的收购价格也不错，所以我们就没想过去办茶叶精制厂。实际上这样十几年的合作下来，已经形成一个产业链，他们要求质量高，我们也确实能够保质保量，到目前为止，我们种出来的茶青，只要有质量保证的，他们都要了。

茶叶质量非常重要。我们茶叶供应给北京公司这十几年来，从一开始对方就要求我们要保质保量，茶叶粗制厂从农民那里收购茶青，也要求保质保量，农民种植茶叶都是在我们的指导下进行的，保证规范化。我们收购的价钱高，村民也会跟着市场走，愿意种植无公害的茶叶，到现在为止，不光是本村的村民把茶青卖给我们的粗制厂，邻村的茶农也向我们供货。

除了做茶叶生意之外，我跟村支部书记现在带一批村民在城关搞建筑，利用剩余的劳动力，带出去做商品房装修上的护栏。我们在那边设了一个点，有20

多个人，都是本村的村民，平时有活干的时候就去，没活干的时候就回来，留一个人在那边打理。这样采茶的时候能回村里采茶，农闲的时候也能有收入，为村民提供了一条致富之路。

板桥畲族乡金村支部书记蓝海金讲了金村茶叶种植情况。

我今年 57 岁，2005 年开始当金村支部的书记，到现在已经是第四届了。现在我们金村的人口共 368 人，其中畲族人口 317 人，约占整个村人数的 86%。全村的主要收入来自种植茶叶、油茶和板栗。整个村的人均茶叶种植面积有 2.3 亩，油茶人均约 3 亩，种植粮食少，全村总共也只有十几亩，茶叶的人均收入估计每年有 7000 元到 10000 元。每年 3 月份到 4 月份，以明前茶的采摘为主；清明节过后，开始采摘香茶。因为明前茶采摘时间短、价格较高，一斤茶青至少可以卖 30 多元，高的可以卖 100 元。一般来说，春天，村内的村民是来不及采摘茶叶的。于是，本村人就会雇佣丽水雅溪那边空闲的人前来帮忙采摘。雅溪人的主要经济来源是种植水果，而此时的水果都在萌芽时期，需要农民看管的时间和精力都是一年中最少的时候。将他们以定期雇佣的方式邀请前来采茶，正好可以充分利用他们的农闲时间到我们这里赚些钱以补贴家用。对于我们来说，也不用眼睁睁地看着长满了春茶的茶树没有人来采摘，避免可以卖高价的新茶浪费。这样的互利共赢模式，已经有 3 年了，以后还会继续。清明过后，茶青的价格低，就不雇人，自己采摘。我们这里的茶叶大部分做香茶，香茶的效益可以，只是人比较辛苦，一年可以采 3 到 4 批，一批约半个月或 20 天，每亩大概有 1000 元到 2000 元的收入。

我们村的妇女采茶很厉害，70 多岁的妇女还采茶，她们到子女的茶园采茶，然后拿去卖，所得的收入作为自己的零花钱。有的妇女采茶快，一天大概有 100 元到 200 元的收入，有的比这个还多。我们村大部分家庭不是很富裕，子女给父母的零花钱较少。凡是能劳动的老年妇女都会去采茶，茶园的茶不采也是浪费，采了茶可以获得一定的收入，同时也能减轻子女的负担。

我们村大部分村民主要是卖茶青，这里有茶青交易市场，本地和宣平等外县的老板都会来收购。也有村民做茶叶加工，有小作坊和大作坊，小作坊加工明前茶，大作坊做香茶。我们做的是龙井，没有自己的品牌。打造自己的品牌，还有许多的现实问题需要解决，最主要的就是资金、技术、交通等。

和谐相处

爱若家人

2. 交往习惯法

畲族有许多习惯法，畲族习惯法是独立于国家制定法之外，依据畲族或畲族地区的社会组织的权威而形成（自然形成）或约定的，主要调整畲族内部社会关系，具有强制性和习惯性的行为规则的总和。交往习惯法是畲族习惯法的一个组成部分。

互助互赠习惯法。由于畲族生存环境较为恶劣，只有团结互助，才能生存发展，因此，互助互赠的习惯法比较丰富。宣平下湖源《雷氏宗谱》规定宗族要和睦。"宗族繁衍，原是一本所分，自应休戚相关，患难相扶，疾病相恤，方为亲睦。乃世多浅薄之流，视宗族如吴越，或以强凌弱，或以小加大，不知亲疏，不识尊卑。息张公九世同居，虞帝亲睦九族。凡我宗人，各宜恪遵，毋负先人遗训。"[1]

因此，畲民平日相处，亲爱异常，无论蓝、雷、钟、李，均亲如骨肉，不拘熟识与否，相爱若家人。此盖因其人数既少，而所处环境，又往往受外力压迫，亲爱团结，乃一种自然的趋势。[2]

畲民互助精神好，生产、生活上有"一家有难，八方支援"的民族风格。建房时，除特别请的木匠、泥水匠等技工需付工资，其他亲邻帮助的非技术工，如背树木、挑土和抬石头等，大多不要工资，这种形式称"送工"，有的还送木料、瓦片，盖草房则支援茅草。对送工、送料者，主家在新房落成时，请吃一餐"竖寮酒"作酬谢。过去畲民多数住草寮，易受火灾，对受灾者更是大力支援，会自动赠送建房材料、粮食、衣服等。一户老人死了，亲邻对死者家属的支援已成定例，除送鸡、肉、豆、米等食物外，还送柴，或帮助砍柴，放下一切农活帮助料理丧事。农忙季节，如插秧、割稻等季节性强的农活，则以换工形式相互支援，对劳力特殊困难者，会无代价地主动帮忙。对有病因或没有劳力者，更是尽力相助。

在畲村存在着许多互助性质的组织。有生产方面的互助组织。罗源县八井畲村保留了一份清雍正年间的契约文书，表明了族亲之间的团结合作。雷君育等堂兄弟与叔侄共 12 人联合向县城郑氏租种山地，用于栽插桐、杉木、竹、菜蔬等物，约定了年租金，由他们共同支付。只要其中一人欠付租金，

[1] 金华市委统战部、金华市民宗局：《金华畲族》（送审稿）下，2009 年 3 月，第 338—340 页。
[2] 浙江省少数民族编纂委员会：《浙江省少数民族志》，方志出版社 1999 年版，第 681 页。

其他人的收益就得不到保障，这就要依靠族亲之间的团结合作。[1]

1951 年土地改革后，各地畲族纷纷成立了互助组、农业合作社。如原大源乡下圩村钟水成建立了金华第一个只有 14 户畲族同胞参加的临时互助组，解决了农具、耕畜、劳力和资金不足的困难。互助组按照“自愿互利、等价交换、民主管理”的原则，实行劳动换工，评工记分，工资找补，收益兑现，解决了贫苦畲民生产资料缺乏和劳动力不足的困难，提高了农业生产力，改善了农民生活。[2] 除了临时互助组外，还有一般互助组、常年互助组，此后又发展为初级合作社、高级合作社。现在很多畲村仍然存在着各种农业合作社。

还有一些经济上的互助组织，如银会、长阳会等。畲民成立银会组织，制定了会约，写明了银会是互通有无性质的聚金会，并规定了入会后按期交多少会金，会期为多长时间，会员的时间如何安排等事宜。因畲族世居山区，经济窘困，生产落后，银会等作为民间经济互助调剂的组织，对发展生产起到了较大的促进作用。

畲族互赠习惯好。赠予包括赠钱、赠物，以人生礼节活动（出生、满月、周岁、成人礼、婚礼、寿礼、丧葬礼）和每年的重大节日如春节相互赠予最多。受礼者对赠予的钱物牢记在心，下回必定按习俗给予回赠，回赠物可以等值，也可以超值，数量多寡，视身份、地位而定。畲族在春节期间要走亲访友。已经出嫁的女子，只要父母一方健在，都必须在春节回娘家探望父母。

热情好客习惯法。畲族非常好客、亲切、有礼貌。无论是否认识，只要有客人来访，主人都盛情款待。畲族先泡茶招待客人，“人客落寮就面坐，一碗浓茶无须讨”。畲族泡茶敬客，便是三碗茶。所谓“三碗茶”，即主人端茶敬茶后，客人不能搁着不喝，或只喝一碗，畲族有“喝一碗是无情茶”之说，一般要喝两碗，第三碗可以不喝。三碗茶后，主家就不再冲茶，要是客人十分口渴，可事先讲明，则三碗后，主人把原先的茶倒了重新放茶叶再泡。对三碗茶，畲族有“一碗苦，二碗补，三碗洗洗肚”的说法，客人若不喝不冲，是不礼貌的，主家心里就不舒坦。在畲乡，有些畲家就兴连喝三碗的习俗，但大多是喝了两碗茶，在浙南松阳、遂昌、云和、丽水等地的畲村，宾客上门须饮两道茶。而后，畲族请客人吃饭，用好菜好酒招待客人。畲族有艰苦

---

[1] 董建辉、林宏杰：《习惯法与畲族内部秩序的维持——以福建罗源县八井村为例》，转引自丽水学院畲族文化研究所、浙江省畲族文化研究会：《畲族文化研究论丛》，中央民族大学出版社 2007 年版，第 241—242 页。

[2] 金华市委统战部、金华市民宗局：《金华畲族》（送审稿）上，2009 年 3 月，第 121 页。

互助

合力

朴素、省吃俭用的优良传统，有些菜，畲民自己平日里舍不得吃，但只要有客人，他们都毫不犹豫地把家里最好的菜拿出来请客人吃。同时，向客人敬上自己家里酿的黄酒。正如德国学者史图博说的：“畲民既然这样穷苦，……只有富裕的人才能吃得起大米饭，所以主食是甘薯。……我们在敕木山村停留的时候，蓝村长以显然十分令人感动的殷勤，尽力把他能设法弄到的食品，端到桌上来，每餐尽量变换花样。我记录下来的是：米饭、豆浆、干笋、烧猪肉、鸡肉等。欢送宴席上最精彩的一道菜是一盘小小的烧鲤鱼。……吃饭时则以黄酒款待我们。”[1]

畲民积极参与社会公益活动习惯法。早期畲族组织了桥会、路会建桥修路，路修好后，为了使路能畅通无阻，畲民每年都要修路，形成了“修路”的习惯。每年中秋节过后，各村组织劳力铲除村路、山路和田头的杂草，平整路面。这样做，可以预防人为烧着路边杂草而引发的山林火灾，同时也方便行人的往来和来年耕作。

畲族家法族规提倡族人积善行德，对“凡种树以迎凉，烹茶以解渴，修桥铺路以便车徒往来，凡事之有裨世人者，均可褒奖，并以谱牒录之，好让族人世世代代铭记”[2]。《闽杭庐丰蓝氏族谱》记载了庐丰畲族聚居地村民在经过乡村的驿路上建起了许多供人歇息的长亭、短亭，约18座，在凉亭旁，还有畲民向行人免费提供茶水。不仅如此，庐丰蓝氏族人还有捐舟施渡的义举：“我族天九君独力捐施一舟，亲将筑城中学巷口楼店一间，专充常年造舟雇夫之费，嵌碑墙上，热心义举，良足风世。至于向时永安渡，更联合安乡、丰稔及利济、新典各季合施一舟。……今渡头新建康济亭一，吾族仗义亦均有量力捐助者。”此外，还有一些畲族名人热心公益事业，热心教育活动，热心调解民间纠纷等。

畲族在社会交往中存在着一些禁忌。苍南畲族除夕、正月初一至初四、元宵，不可到邻家引火、借用具，不可骂人。出门做客有“七出八不归”禁忌，即初七出门，初八不可归家。要么在初七当天回家，要么住到初九或更长的时间回家。八月初一不出门。[3]

[1] 浙江省少数民族编纂委员会：《浙江省少数民族志》，方志出版社1999年版，第627页。

[2]《闽杭庐丰蓝氏族谱》卷八《杂录·清道光间合乡同建族星垣孝廉有记（蓝光南）》，民国三十三年（1944）种玉堂镌。

[3] 中国人民政治协商会议浙江省苍南县委员会、文史资料委员会：《畲族回族专辑》（第17辑），2002年3月，第96页。

云和畲族正月初一家里忌来外人，初一到初五忌到别人家里点火种。[1]闽东畲族忌给产妇送鸭、鸭蛋，忌以手帕赠人，赠送礼物忌单数，忌单手捧茶迎宾，做客忌把点心全碗吃光，应有剩余，忌做客把雨伞放在人家大厅中堂桌上。[2]

浙江云和县山脚行政村雷余庆讲述了他们村的交往习惯法。

我们村大家都互相帮助。一旦村里人家有喜事，小孩满月办三旦、结婚、新房子盖好了办酒席等，全村人都前去祝贺，赠送礼金。同房的人还要去帮忙。我家前年盖好了新房办酒席，我们寮对面自然村的 9 户人家是同一个太公的，属于近亲，我跟他们说了一声，每户人家就派个代表前来帮忙，我的兄弟姐妹更是全家来帮忙，礼金送的比别人还要多。如遇到丧事，全村每户人家都会主动派个代表来帮忙。过去，不仅要帮忙，还要送东西，有的妇女上山砍一担柴送过来，有的送豆子，此外还送礼金，现在只需要送礼金即可。我是个裁缝，我经常给丧家做丧服、丧帽。村里的文化人，只要全村有事，不管远近亲疏，都要帮忙记账。以前我爸爸在世的时候，都是他记账，现在由村里的一位退休干部记账，所有帮忙的人全不计报酬，每天主家只需给包烟和管三顿饭就行。十年前，我妹妹身患重病，治病花了很多钱，村里的人不仅来看望，走的时候还会尽自己的能力，纷纷捐款，奉献爱心。

到 20 世纪末之前，我们村有杀猪聚餐的习惯。差不多每户人家都养猪，少则一头，多则三四头。许多人家要养一头过年猪。这头猪一般是每年正月开始养，到腊月杀猪过年。养的时间不长，主妇只是拿家里的剩菜剩饭来喂养，困难的时候还没有剩菜剩饭，只喂猪草，因此一般养不到 1 年的猪才百来斤。大部分猪肉主家拿去卖，小部分留给自家过年。在大年三十下午，畲家人要水煮猪头、猪肉，肉拿来食用，猪汤则盛出来放在一个大盆子里自然冷冻，成为一道美味的菜肴。在生活比较困难的年代，我们只有逢年过节才吃得到猪肉，平常很少有荤菜。一旦有人家杀猪，主人都会请大家去聚餐、打牙祭。全村每户人家派个代表去吃饭，属于近亲的，则是全家人都去，杀一头猪，如同摆酒席，先来的人先吃，后到的人后吃。主人家用来招待客人的，有肥肉烧霉干菜、时令蔬菜、猪血汤、猪的内脏（猪肠）、半肥半瘦的猪肉。面对桌上的美味佳肴，大家都很高兴地享用。吃

[1] 中共云和县委统战部、云和县人民政府民族科：《云和县畲族志》（草稿），1993 年 2 月，第 129 页。

[2] 缪品枚：《闽东畲族文化全书·民间信仰卷》，民族出版社 2009 年版，第 313 页。

举手之劳

共享同乐

完了，大家还会聚在一起聊家常。有小孩的人家，主家还会捎带肉片回去给小孩子吃。到了 80 年代，杀猪请吃的范围缩小，主家只请同房的人去吃。后来大家生活好了，猪肉成了家常菜，村里养猪的人也越来越少，到现在，我们村几乎没有人养猪，杀猪聚餐的习惯也就自然消失了。

我的家人都乐于助人。我以前除了种田之外，还养母猪，最多的时候养三头母猪。有时候，小猪生病，我自己给它们看病。我虽没学过兽医，但我是个赤脚医生，略懂医理，买了几本书，边看边学边摸索，后来小猪的小毛病也能医好。我们村当时也有好几户人家养母猪，小猪有病，他们请我，我都会去帮忙看病，不计报酬。我爸爸更喜欢帮助别人。我爸叫雷明昌，是位小学教师。自从退休在家，我们家的客人特别多，都是来找我爸帮忙的。他有文化，写得一手好字，村里很多不识字的人，经常让他帮忙给在外的亲人写信，每当这时候，我妈就会热心地给村人泡茶，拉一拉家常。我爸拿出纸和笔，根据村人口述，他代写，写好后，再把书信的内容说说，如少写了，再加点内容，直到村人说好为止。村人建房，要写申请书，我爸都热心帮忙，听村人说完要求，再问清楚缘由，还要细细琢磨，才能写出一份好的申请书。我爸还经常帮助别人写分家协议。我妈待人友好，热情好客，对客人总是笑脸相迎。家门口种有橘子树，橘子成熟的时候，见到村人路过，都会分给村人吃。娘家的人到村里来卖粉干，我妈都热心招呼来家里吃午饭。正由于我爸妈的热心肠，家里客人不断，只要他人有需要，爸妈总是热情相助，尽力而为。

我爸还热心公益，积极为村里做一些有意义的事情。我印象最深刻的是我爸为村里安装自来水管，使村民能喝上干净的水四处奔走。以前，村里人喝水都要到井里挑水喝，很不方便。我家附近就有两口井，挑水还方便，我爷爷 90 岁时，每天早上还挑水，但离水井远的人家就很辛苦。我爸为此到县民宗局、县统战部反映情况，要求县里拨点资金，帮忙解决畲民喝水难的问题。他多次奔波，最后筹集到了一点资金，只够买材料。我爸带领村民出工出力，买来了水管、水泥，在村头有水的地方建造了一个大蓄水池，把水管铺到了每户人家，使每一户都喝上了干净的自来水。他还加强了对自来水的管理，全村人选出了两位热心为大家服务的管理员，每年象征性地给予适当的管理费。为了让大家能够自觉节约用水，我爸提出了收自来水费的建议，并得到了大家的响应，我们村自来水费 3 角每吨，每年年终结算一次。收自来水的费用和开支账目公开，张贴在醒要位置，接受大家的监督，收来的费用用来做维修费用。

福建霞浦县溪南镇白露坑半月里自然村的雷其松讲述了他尽心尽力为村里办事的经历。

我们村以前非常贫穷，几乎到了娶老婆都困难的程度。记得那年我 17 岁，有一个姓雷的县长来到了我们村，我们村根本没有路可以走，刚下完雨，路上有些泥泞。我们就拿着一些谷壳铺路，让领导踩着谷壳来我们村进行考察。这些事都让我觉得，我们村里急需一条能够让车开进来的路。这也是为什么当时我连夜写了一份报告给雷县长，希望他能够批准我们村建路。于是，我就来到了县政府，对门口的警卫人员说，我想见一见县长。那个警卫员看着只有 17 岁的我，感觉我并没有什么正事。于是，他就没有搭理我。后来，他问我是哪里人。我说了，我是白露坑的。然后，他就动了恻隐之心，让我进去找县长。记得当时已经是傍晚了，如果那一天没有见到县长，晚上还得回家，第二天再重新走这么远的路来到县里。

我进去见到了县长，非常紧张。因为这是我第一次来到这么正式的场合，我都不敢吱声。这个时候，县长大声地问我："你干吗？"我唯唯诺诺地讲完了我的来意之后，把我的报告书呈交给他。只记得他对我说："报告放在那里，出去休息。"后来，我就很害怕地回家了。

我就一直在村里等消息，但是始终没有县里的人过来找过我。我当时也很绝望，认为我这一次是白去了。差不多过了一个星期，突然有一个县里的人，说给我们村 6000 元，让我们修路。我喜出望外，立马召集了全村的人，用镰刀和锄头，披荆斩棘地开辟出一条道路。这条道路对我们全村今后的发展至关重要。后来，在 2005 年的时候，副省长王美香（时任）来我村进行考察，我们和她分析了村里的情况，希望省里能够拨一笔费用让我们村里修路致富。也许是政府对少数民族的特殊扶持机制，省里特批了 30 万元来为我们村修建水泥路。所以，你们刚才开车进来的这条路就是我们在 2005 年和 2006 年用了两年时间修建起来的。总的来说，还是比较新的。

除了为村里修路奔波之外，我还保护、管理村里的文物。我们村是闽东地区现存畲族古迹最多的村庄，是省级畲族历史文化名村，龙溪宫、雷世儒大厝及雷氏祠堂三组古建筑被列入省级文物保护单位。有畲族文物 200 多件，有匾额、楹联板、禁碑等。我是一位畲医，我的医术是爷爷传给我的。我用山上的草药治疗妇女的痛经、乳腺炎、腰腿疼痛等，非常有效。同时，我还使用针灸的方式进行治疗。比如，夏天的时候有人在路上晕倒了，如果没有人发现，那个晕倒的人就

白露坑村的“荣增五福”匾

白露坑村的畲宅大门

很有可能会死。但是遇到了我，那就不一样了。我可以通过我的针灸技术，在相应的穴位扎一针，一般就会起到良好的治疗效果。我们畲族的医术和汉族的医术是大体相同的，我们也通过望闻问切的方式来确诊，中医有的把脉，我们这里也有。在我行医的过程中，我发现了一个奇怪的现象，那就是很多外乡人来我们这个村收集文物。这件事对我启发很大。我在想，我们这个民族的文化这么优秀，别人千里迢迢地来到我们这个村收购一些文物，但是我们身为自己村的人呢，却将其视为草芥。很多东西都卖给了外乡人，尤其是那些他们认为对现在的生活没有用的东西。当时，我就觉得太可惜，好几个晚上都因为这件事情而睡不着，因为它对我的冲击真的是太大了。于是，我就向村里的人宣传，当时，也不知道怎样说是最好的，反正就是一股脑儿地去和村里的人说，不要把这些古老的东西卖给外乡人。我们应该自己留着，或者一些东西可以算个价给我，我来买。很多人不理解我的这一做法，我的老婆当时也认为我很奇怪，为什么拿了这么多陈旧的东西回家。不仅如此，而且还花了这么多钱。当时，家里已经堆得到处都是，但是我还是不忍心本村的东西外流，所以，有人来卖当然也给他们市场价。很多东西的价格原来并没有市场价那么高，但是一旦一些外乡人前来出过价，东西都是翻了几倍的价格。遇到这种情况，我还是会收购，因为我不能眼睁睁地看着这些东西被外头的人买走了。当然，还有一些同村人，他们很能体谅我的工作。有一些他们不用的东西，也不会拿去卖掉，而是捐赠过来，让我负责保管。这样的人，我是非常感谢的，因为这不仅是对我工作的支持，同时也是对我们整个畲族的文化的一种贡献。

收集文物是一种开支很大的行为，我 20 多岁的时候在文物收集上花的钱已经有 40 多万元了。对于一般的家庭来说，这是一笔不小的开支。看着家中堆积得越来越多的文物，我也没有办法，想想只能先放着。为此，我还欠了不少钱，那时我就只能向亲戚们去借了。如果我对亲戚们说，我借钱是用来收集文物的，他们大多数是不会借的，所以我就说自己借钱是用来做生意的。为了还钱，后来我实在是没办法了，就在霞浦找了个店铺开了个药铺。用自己的畲医医术来给百姓看病，其中赚来的钱继续投入畲族古物的收集工作中。现在，我这里的游客接待工作比较繁忙，所以，医馆暂时就交给我的姨丈进行管理了。

我为村里做的这些“疯狂”的事情最初的动力是我觉得我们年轻人对整个村的建设具有重要作用，对这个畲族文化的传承也有不可推卸的责任。想到这一点，我觉得我必须踏踏实实地为村里做一些事情。

3．家谱

畲族在民间存在着许多家谱。畲族家谱，俗称“谱牒”“宗谱”，亦称“族谱”“家乘”，是畲族的传家之宝，是畲民家族的历史记忆，是家族系谱的图标、家族伦理的范本、家族价值的判断依据。据统计，浙江省现存的畲族族谱共有157部，其中修于清代的有29部，占18%；修于民国时期的33部，占21%；编修的年代不详的有91部，占58%。[1] 闽东地区蓝姓畲族保存族谱约有200部，雷姓约180部，钟姓有200多部。[2]

家谱是记载本宗族世系和事迹的历史图籍，与国史并重。畲族十分重视编修家谱，并把它当作家族中的头等大事，认为“五世不修谱，乃祖宗之罪也”。[3] 畲族修谱首先是为了尊祖收族。同治《连江辋川蓝氏族谱》云：“谱之缺，系大矣。语云，无祠不成族，无谱不成家。三十年不修谱，谓之不孝，谱不修，则故老沦亡，典籍朽蠹，其中事迹，难以稽查矣。世情徒知，亲在，则菜蔬供养；亲没，则棺椁衣衾。以此，即谓之孝。讵知孝在尊祖，尊祖故敬宗，敬宗故修族，修族则爱亲，而孝于是乎全。”[4] 其次是为了光前裕后。所谓光前，就是要把祖先的美德懿行充分地整理揭示出来，发潜德之幽光。所谓裕后，就是要用祖先辉煌的业绩、高尚的情操来陶冶激励后人，让他们壮怀激烈，奋发图强，从而创造出比前人更大的业绩，达到子孙繁衍、家族荣宠的目的。为了达到光前裕后的目的，在家谱编纂中要遵循隐恶扬善的指导思想。隐恶扬善就是家谱讳其丑言恶行，传其嘉言懿行，这是孝道的具体体现，也是我国的传统美德。再次，修谱的一个重要目的就是辨世系，明尊卑。在我国，无论是过去还是现在，血缘关系是一个非常严肃的伦理问题，此间稍有差失，就有可能造成严重的社会紊乱，与事者则被斥为“乱伦”，在社会上颜面扫地，无以立足。[5] 道光《冯翊雷氏宗谱》云：“谱者，所以联支派别，昭穆明尊卑，分长幼，使瓜瓞绵绵，秩然而不紊者，皆赖谱有以统之，是则谱之所系大已哉。然先有所作后无所述，以至年深月久，而尊尊亲亲之道渺然，莫办不诚可概乎。”[6] “修族谱，以裔于儿孙者，可以辨传承之远近，察统绪之异同欤？亦所以叙岁属，

[1] 浙江省少数民族编纂委员会：《浙江省少数民族志》，方志出版社1999年版，第74—79页。
[2] 缪品枚：《闽东畲族文化全书·谱牒祠堂卷》，民族出版社2009年版，第244、255、263页。
[3] 福安牛埕村《钟氏宗谱·序》，清乾隆十六年，1751年。
[4] 《连江辋川蓝氏族谱》，清同治十年，1871年。
[5] 沈新军：《试论家谱的基本特征》，《图书馆研究与工作》2013年第1期。
[6] 丽水县崇义乡金桥畈村《冯翊雷氏宗谱》，重造于道光三年，1823年。

村头村《蓝氏宗谱》

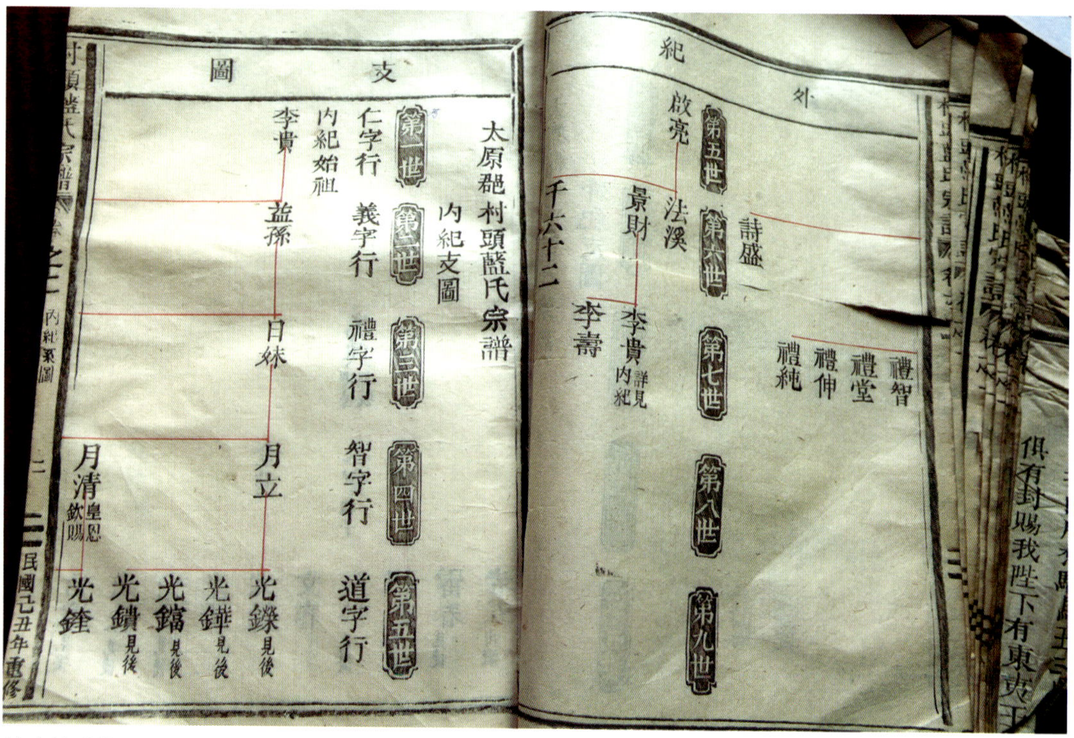

村头村《蓝氏宗谱 • 外纪支图》

定尊卑，收涣散，敦亲睦者也。”[1]故家谱是一“族”世系传承的历史记录。

畲族修谱要遵循如下规范。一是成立修谱董事会。畲族家谱的编修与组织，通常由族内辈分高，年纪大，有一定威望和影响的“父老”、族长或较大房的房长发起，并经集体讨论决定后确定，随即成立修谱董事会，由族长、房长和热心公益事业、办事公正、有一定威望的本族文化人担任修谱董事会成员。二是订立章程。确定修谱先生后，修谱工程正式启动，随后是制定章程，修谱先生往往是家谱章程的拟稿者，章程在家谱修撰之初，很多条款要以文告的方式公告全村同族，对入谱人丁资费的初步分摊、资料的采集程序渠道，以及内容要求等必须有统一的规定，且要做到家喻户晓。在家谱修成后部分章程的内容将被收入“凡例”，成为规范今后家谱编修的范例和法则。章程的繁简取决于与上次修谱时间间隔的长短和入谱人丁的多少。三是筹措资金。修谱的经费最普遍的做法是按入谱人丁来摊派，此外，也有来自族人的捐资。四是征集资料。资料采集是以分发家状的方式，分头征集入谱资料。其内容包括五代人的字，行，生辰八字，逝世时间，婚姻对象，死后坟墓地点、坐向，祭田租额，以及生育子女数等，分发各户各家填写申报。五是取谱式。畲族家谱的格式主要是遵循宋代的欧阳修、苏洵模式。六是确定谱例。就是确定有关修谱的原则规定和体例说明。七是取谱名。谱名是专门在家谱中使用的名字，不同于日常生活中使用的俗名，它表示命名对象的世系所属（那一辈分）和排行，通常由讳名、字、行二者组成。八是分行第。家谱中的字辈，叫行第，是家族世系人名在谱牒中的排列“符号”，行第用字有其特殊排序作用。明末清初，畲族行第排列主要用数字单位来明确，如“念、大、小、百、千、万”等字，每世（代）仅用一字做周而复始的循环使用。其中蓝姓用 6 个字，雷、钟两姓只用 5 个字，雷姓缺“念”字，钟姓缺“千”字。九是祭谱、领谱。谱修好后，畲民要举行谱庆，即祭祖、祭谱和颁谱仪式，并对家谱进行妥善保管。[2]

一部完整的家谱内容通常由修谱人员名录、新旧谱序、上古遗风、凡例和谱论、姓属字行、历代名贤、族规家范、总图支图、世系、祠产契约、名胜艺文组成。其中上古遗风是畲族家谱中最有民族特色的内容，它主要由上古神话传说作为主干的敕书、开山公据、铭记、受姓记（或历代封赠）、上古遗风连环图、龙首师杖志、祖地凤凰山、会稽山、七贤洞、祖坟图、祖祠图等组成。

[1] 景宁县敕木山村《蓝氏宗谱》。

[2] 缪品枚：《闽东畲族文化全书 · 谱牒祠堂卷》，民族出版社 2009 年版，第 1—24 页。

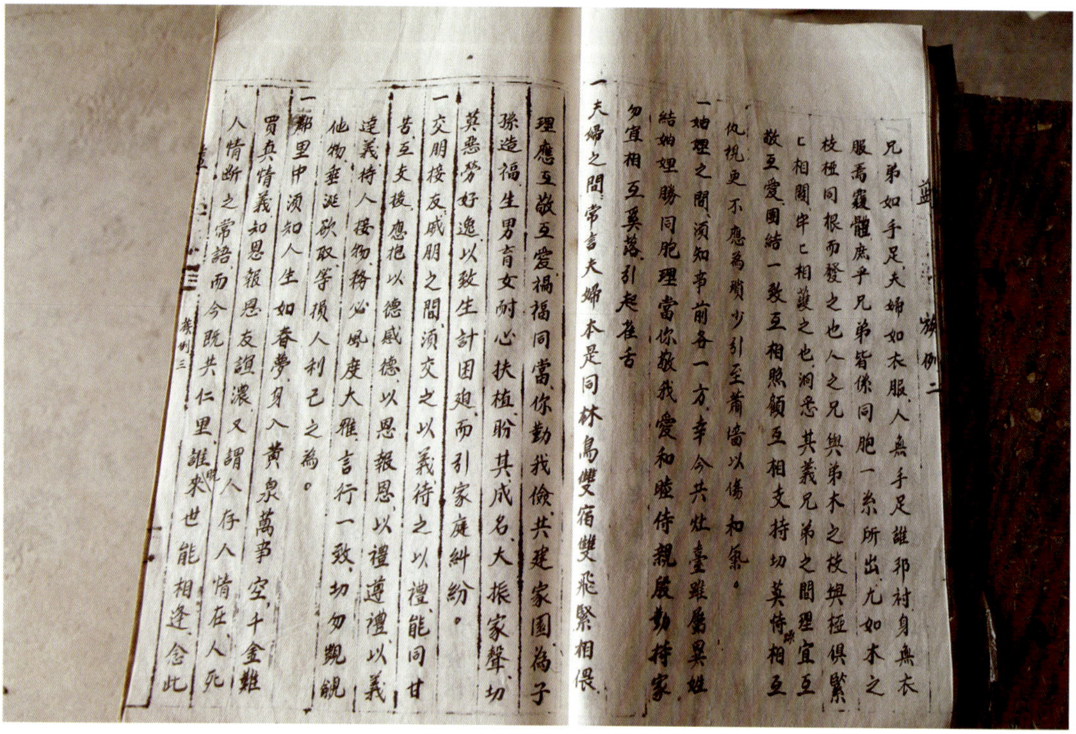

村头村《蓝氏宗谱 • 族例》

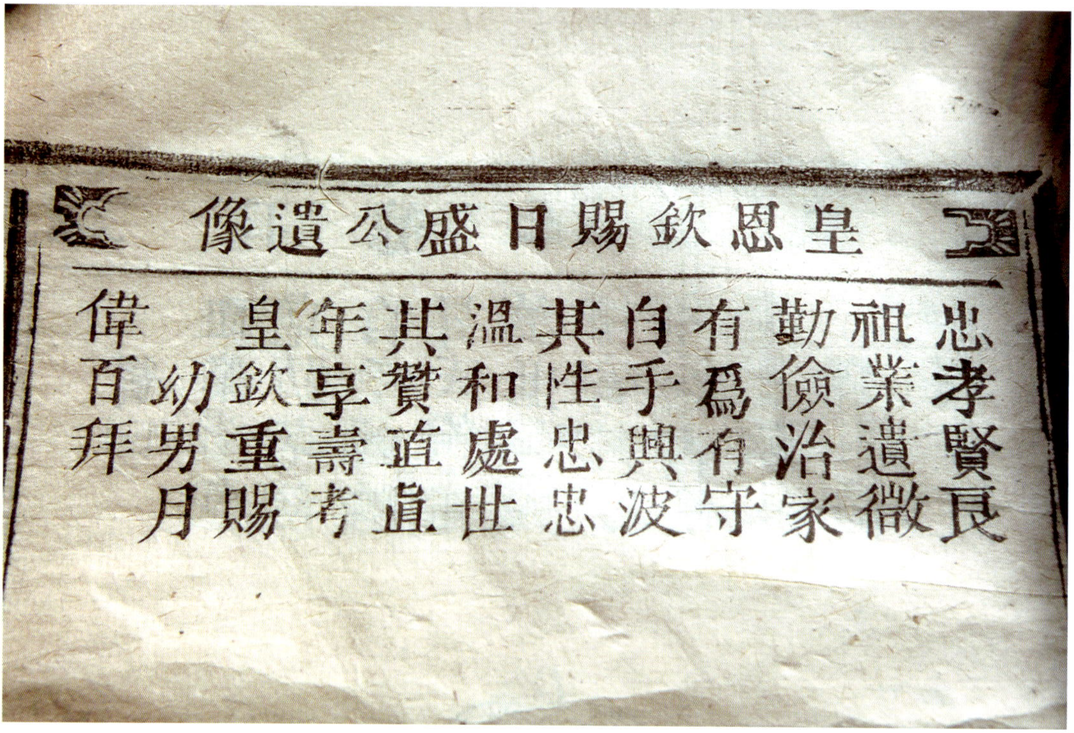

村头村《蓝氏宗谱 • 日盛公传》

福建民族宗教研究所原所长、著名的畲族文化研究者蓝炯熹介绍了畲族家谱的特色。

我对畲族的家谱做过研究，并出版了《畲民家族文化》一书，在这本书的第三章我就探讨了畲族的家谱。畲族家谱有许多特色。一是出现了钟氏连环谱。现藏于福建省图书馆的钟大焜修的《颍川钟氏族谱》不是一般的畲族族谱，而是汇集了江西萍乡及福建福州、侯官、闽县、福清、罗源、永福、霞浦、福安、宁德等地 157 处钟氏家族谱系，编成的五卷本钟氏联谱。联谱的倡议者和实行者是钟大焜，为同治庚午科（1870）进士，官至四品衔刑部直隶司主事，部选知县。他对编修钟氏联谱有宏图大略，邀请了福建、广东、广西、湖南、江西等省钟氏族亲之从政者，联名签署《颍川钟氏修辑总谱章程》，欲发动编修全国性的钟氏连环谱，无奈因工程过于浩大，最后以数年之功，仅汇集福建、江西族人修撰了五卷本钟氏联谱。尽管如此，这套联谱仍不同于一般的族谱，为了避免考据“远祖世次不至于彼此各殊”，尽量追溯各地钟氏能认可的远祖，“将各谱之淆乱者得以考正”，以求钟氏家族之一统。钟氏连环谱的修撰，加强了各地族人的联系，促进了民族团结。

二是在家谱中有郎名、娘名和法名。畲族古歌这样唱道：“排行算来你细听，雷姓缺‘念’，钟无‘千’。男人无‘一’女无‘二’，蓝姓五六两样生。”此歌意为蓝姓按世代排列为“念、大、小、百、千、万”；而雷姓排行少“念”字，钟姓排行少“千”字。同时，排行时男丁不排一，女性不排二，即男丁排序序数从“二”起而女性排行序数除去“二”字。具体排法是，同辈人同属一字，再加上按出生月、日、时辰来排顺序。如蓝姓某男，同世用字为“念”，他在同辈中排第 36 位，便为“念三十六郎”；雷姓某女，同世用字为“百”，她在同辈中排第 14 位，便为“百十四娘”。而独缺的“一郎”“二娘”等，畲俗谓要留给未满 16 岁而夭折的男女之灵。宗谱内有一部分人拥有“奏名”，俗称“法名”。奏名获得者一般为家族内有一定地位的人。奏名要通过一定的宗教仪式即“醮明祭”获得。男性奏名都冠以“法”字，如名“法华”等，女性奏名一般配有“婆神”字样等。

三是畲族的女性角色。在族内婚的畲民散村畲族妇女的地位较高，受到应有的尊重，源于妇女在家中和男人一样，是家庭的主要劳动力。但在族外婚的畲民集村，畲汉通婚已成传统。畲民家族中的汉族女性，接受了来自汉人家族伦理思想中既有的清规戒律的枷锁，如妇人要从一而终，重贞操。有的畲族家谱还表扬烈女节妇。古田县富达畲村有三座专为表彰烈女节妇的石牌坊。畲族对子女的姓氏也比较随意。甚至，朋友之间关系好，还可以互相赠送孩子，我就发现有很多畲族朋友之间互相送孩子的情况。

四是畲族的家族伦理。家族伦理是维系畲族家族文化的根。它吸收了儒家的忠、孝、仁、义的思想，但又不同于儒家，具有自己的特色。畲族的家族伦理强调以“孝悌”为本。百善孝为先，遵从“孝悌”者，受到家族表扬，并以文字实录勉励后人；不孝不悌者要遭到族众的谴责，令其改过自新，如不改者，将被逐出家族，不许入谱。“孝”指族人须明确所处辈分，以身作则、尊祖敬上，作为子女应孝敬父母，作为子弟应尊敬长上。“悌”强调兄友弟悌、和睦亲情。为确保家庭繁衍和家族兴旺，无亲生子的家庭允许立继，畲族对此尤为重视，规定以承继为严，叙昭穆，别亲疏，以确保家族血缘的纯洁性，防止异性乱宗。夫妇没有生育子女的，首先考虑立同胞兄弟的孩子为嗣，次者立堂兄弟儿子或立外甥为嗣。在畲民的散村，对立继没有严格规定，择继的范围十分广泛。

作为畲民家族的道德契约的家法族规，以训诫为主、惩罚为辅，让族人共同遵守所订立的条款。其中，畲族家法族规的训诫制度独具特色，采用了一套程序，按以下步骤循序渐进地进行：（1）“劝”是对善的行为的提倡和肯定。劝“孝顺父母”，劝“知书识礼、有恩有义”。（2）“严”是一种道德的设防，即以家族的名义，在心灵之中建造评判善恶是非之门，将恶性、恶习和恶行阻挡在身外。要求子孙从事正当的职业，严禁游手好闲、奢侈无度、沾染吃喝嫖赌等各种恶习。（3）“戒”是一种以否定的形式对既有的道德习惯的肯定。如戒偷盗、戒抢掠，还要戒贪欲、戒拜邪教。（4）“禁”是更加严厉的否定，要求族人不做被禁止之事，否则严惩不贷。在婚姻方面，严禁同姓婚嫁，禁止乱伦灭礼，否则被革谱，并不得参加祭祀。通过上述四个步骤来表明家法族规对各种事项所持的态度，肯定什么，否定什么，泾渭分明，以此来教育畲民遵守家法族规。

除了训诫外，还辅之以刑罚，使每个家族成员都恪守家法族规。惩罚包括物质方面和精神方面，物质方面表现为罚钱、充公、赔偿损失，精神方面包括斥责和共攻，还有剥夺族人在族中的权力、权利、荣誉及各种资格，表现为不许入祠、出谱等。畲族家法族规通过言传身教和实行惩罚与教育相结合使其成为族人的日常生活准则和行为规范。

猴⿰土盾（盾）村口

猴⿰土盾（盾）村禁止乞丐骚扰民众的清代石碑

4. 契约

据调查，畲族民间存在着大量的契约文书，在这些契约文书中蕴含着丰富的伦理思想，不仅充分地展现了畲民在生活中处理家庭内外、家族内外伦理关系的智慧，而且也说明了畲族在明清之后结束了游耕，过上了定居置业的生活，从中体现了畲族是个“诚信守法”“重理识情”的民族。

契约是双方当事人的合意，这种合意是建立在双方意志自由的基础上经过磋商与交流形成的，体现了人与人之间的意志协调关系，因此契约在本质上是一种伦理关系，我们称之为契约伦理。契约伦理就是人们在订立、执行以及毁约中所表现出来的伦理性质和执行契约中所需要的伦理基础。[1]契约伦理内涵有：契约伦理形成是主观的、后天的，契约伦理的理想实现需要个体道德的充分实践；契约伦理关系到订立契约双方当事人的利益，因此契约双方利益的合理实现，是契约伦理得以良好体现的必要条件。

畲族契约伦理具有以下三个特点：一是自由。自由是畲族契约伦理的核心精神，它包括意志自由和权利自由，意志自由是指订立契约的双方当事人具有自主选择的能力，可以独立自主地选择订立契约对象、内容，不受第三方强迫；权利自由是指订立契约的双方当事人具有转让自己财产的自由权利。自由表现在契约文书中有“自心情愿”“两相情愿”“自愿”等字样。二是平等。它强调在缔结契约的过程中，契约双方的地位平等，这种平等不是指社会地位或财产等级的平等，而是契约双方当事人平等地转让各自的财产权利，任何一方都具有同等的选择能力，具有同样的契约权利与契约义务。三是诚信。诚信是契约伦理的灵魂所在。具体表现为人们以诚实取得对方的信任，又以守信保证契约的有效。人们不仅要将诚实作为一种理念存在于意识当中，还要拿来作为行事风格，以秉守承诺来承担责任、履行义务。诚信作为契约伦理所必需的德性主张，它的直接目的是要在缔约双方之间建立一种相互信任的关系，从而保证契约伦理的合理实现。

畲族契约伦理内容十分丰富，有家族伦理思想、经济伦理思想和女性伦理思想等。其中“分关书”充分体现了畲族的家庭伦理思想。所谓“分关书”，是民间专门对家族财产、遗产进行分割的一种契约文书。畲族是个尊祖敬宗的民族，在很多“分关书”中都包含着浓厚的宗族伦理思想。畲族倡导家族

[1] 晏辉：《契约伦理及其实现》，《道德与文明》2002 年第 6 期。

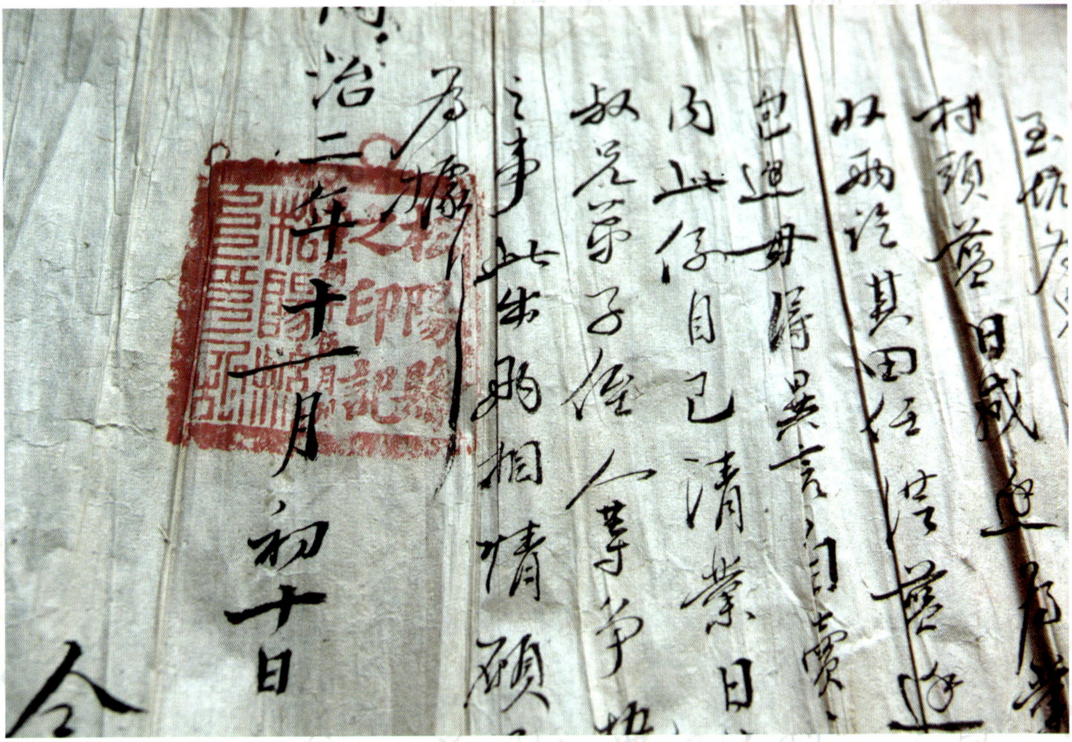

契约

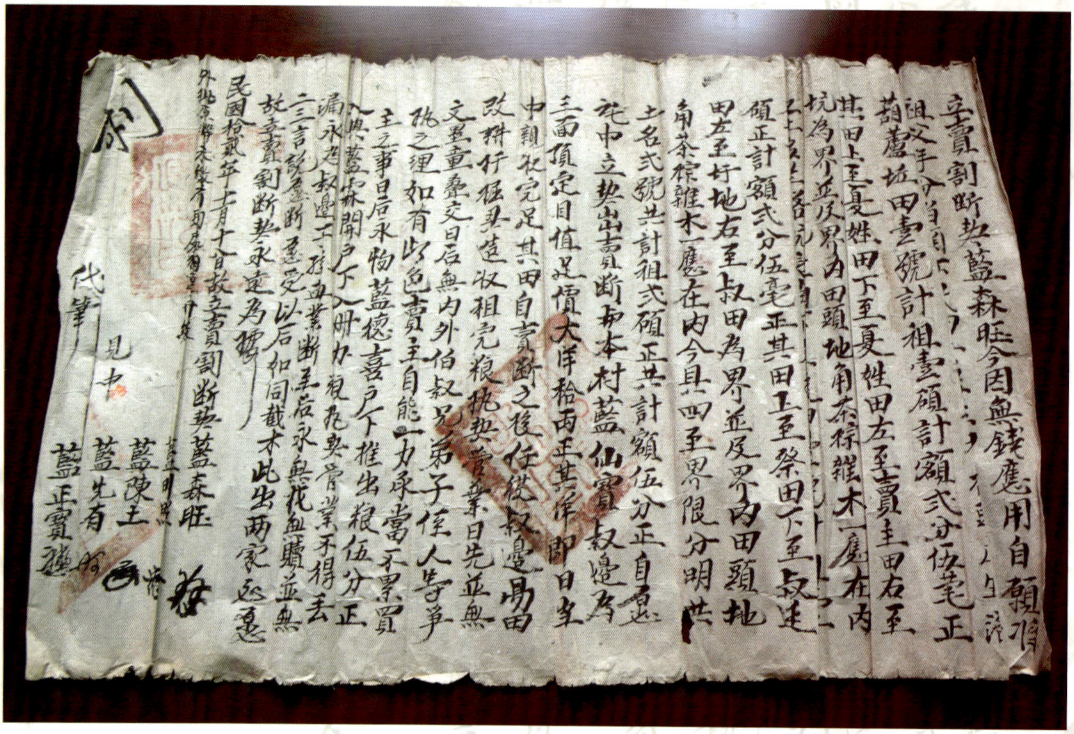

卖田契约

和睦、友爱，推崇“忠、孝、仁、爱”思想，并把这些思想贯彻在畲族生活的各个方面，“分关书”也不例外。有的“分关书”干脆以“忠、孝、仁、爱”为房号来分割财产。如《蓝兴财兄弟分款字据》记载：“父母遗产由兴财、兴源、兴春、兴有四兄弟以‘忠、孝、仁、爱’四房分割，立分款字据。”[1]这说明了畲族用“忠、孝、仁、爱”思想来治理家庭和家族。又如《钟景春分关书》中记载：“立分关人钟景春，幸蒙家父娶室，生养三子，长男、次男已为婚配，三男尚属未娶，另有娶资。情因人众事繁，立心不一，势难料理，是以邀请族长、亲戚前来公议，将田地、屋业、器皿、物件品搭均匀，三股分关，焚香祷祝，拈阄为定。受业三房取孝、友、顺三行为号，勿得争论。幼子、长孙俱有取给……再拔祀田身后次序轮流以接先灵，永远血食之需。分居之后，务须兄友弟恭，勿嗜利而忘义，虽各□如同居，不失手足之情，且不忘父母之命，又必诗书教子以振家声，更要勤俭齐家以增基业。”[2]这份“分关书”中蕴含着这样的家庭伦理思想：一是倡导子孙孝敬父母，对兄弟友爱，提倡勤俭持家、重义轻利。二是言明了畲族家庭财产分割规则，分割财产时，大家聚集在一起，地位平等，共同商定。财产在分割前，先抽出祭田，而后再由兄弟平均分配，抓阄来定，未娶妻的兄弟另有娶资，称“老婆本”。三是尊崇祖先。有专门的祭田，由兄弟轮流耕种，耕种所得用于家庭祭祀祖先的开支。在分割财产的时候要邀请族长、亲戚前来公议，让族长、亲戚作为见证人，增强了契约的权威性，说明畲族的宗族意识非常强烈，且对于族长无比尊崇。四是很好地诠释了畲族义利观。畲族的家长很无私，把家里所有的财产拿来分配，体现了他们对子孙的关爱与帮助。对待家庭财产，畲族倡导平均分配，注重公平。分家前，父母已经给两个兄弟娶了老婆，未娶老婆的第三个儿子，理应得到老婆本，就是娶老婆所花的费用。面对利益，畲族人表现出来的有序、和谐是值得称赞的。畲族的买卖契约中蕴含着自愿合意、诚实节制、互信互利的经济伦理思想，畲族婚书中体现出了男女平等与人格独立的“女性伦理”思想。

契约的订立要遵循一定的规范，有共同的规范和不同的规范。所有的契约在订立的时候，契约的双方当事人必须在场，共同订立契约，双方要请“中见人”来见证，中见人要在契约上签字画押，并对双方履约行为进行见证和监督，当事人要在契约上签字画押。此外，不同的契约还各自存在着一些不

[1] 吕立汉：《浙江畲族民间文献资料总目提要》，民族出版社 2012 年版，第 230—231 页。

[2] 同上，第 225 页。

同的规范。买卖契约，包括水田、旱地、山场和房屋地基的买卖，一定要遵循自愿原则，不得强迫，也不许显失公平，家族、亲属有优先购买权。买卖立契必须写明卖因、坐落位置、土名、价目，由卖方、中见人和代笔人签字画押。典当契约一般要先问同族近亲，家族有优先承典权利，只有无亲房或亲房所出的典价比外人低廉时，才能典给外族人。田地的典当，其价格仅为断卖价格的一半左右，由当事双方凭中议定。一般出当人不愿索高价，以便日后赎回。典当的进行，必须凭中保说合，立契约为凭。契约内必须载明回赎的期限，如果出当人逾期不赎，以后纵然有钱也不能回赎。租佃契约，立契者多为男性户主，如果男性户主去世，亦可由女性户主代替。立契时，除了主佃双方在场外，多数情况下还应有中见人和代笔人。所有在场人签字画押后，契约即告成立。

契约中还具有约定俗成的内容。早期契据一般都存在“找补”现象。如蓝云旺与陈蓝福的田产买卖契约，清乾隆五十九年（1794）十月初七所立契约为立卖契，事过一年，卖主陈蓝福因“粮食不给”，托原中人向买主蓝云旺提出找补要求，故乾隆六十年（1795）十二月二十七日所立契约系找断契（绝卖契），卖主在卖契上注明找补铜钱六百文整，言明找补之后，此田产“如同截木”，永无找补之理，买主蓝云旺可永远管业。这种“找补”现象是一种情理兼顾的约定俗成。[1]畲族物权交易的法律效力，是在“断契”的基础上实行的，而在无“断”之前，畲民并不会因卖主的无理要求（如当时卖的价钱太低等理由）而拿起法律武器，而是通过和谐的各取所需、互利互惠的方式解决这一疑难问题，因为他们深知生活的不易。而正是这种留有余地的助他精神使得畲民得以在复杂的族群关系中顽强地生存，并得到汉族同胞的认可。[2]这充分地体现了畲民在经济活动中的互谅、互助、互信的精神。

松阳县象溪镇村头村的蓝水根讲述了他们家珍藏了200多年历史官契的逸事。

我家现在藏有200多张契约，有田契、地契、山契、房契、分关书等，这些种类较多的契约，都不难说明我们畲族人民具有强烈的契约意识。这些契约都是祖上传下来的，有从清朝乾隆十三年（1748）到新中国成立初期的契约，都是我家的祖公们辛苦置办的。我的祖公们很有能耐，他们当中有个考中了秀才，还有的当了族长。根据我家的蓝氏族谱记载，老太公名叫蓝曰盛，没文化，生于嘉庆

---

[1] 吕立汉：《丽水畲族古籍总目提要》，民族出版社2011年版，第7页。

[2] 吕立汉：《浙江畲族民间文献资料总目提要》，民族出版社2012年版，第7页。

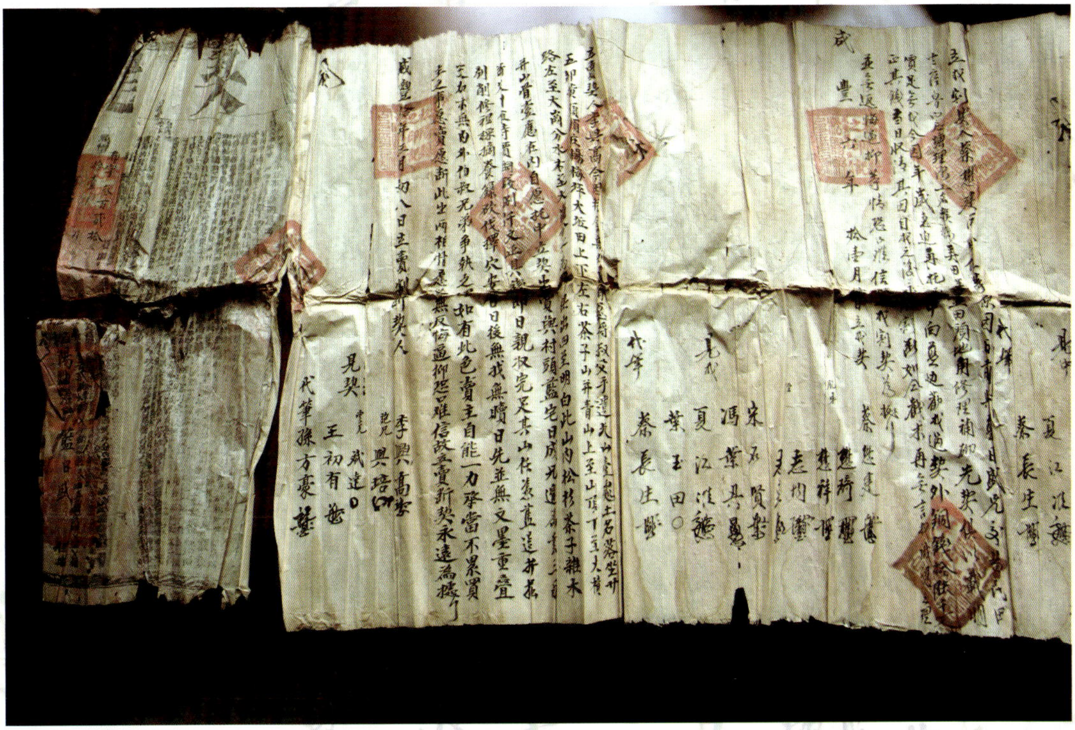

官契

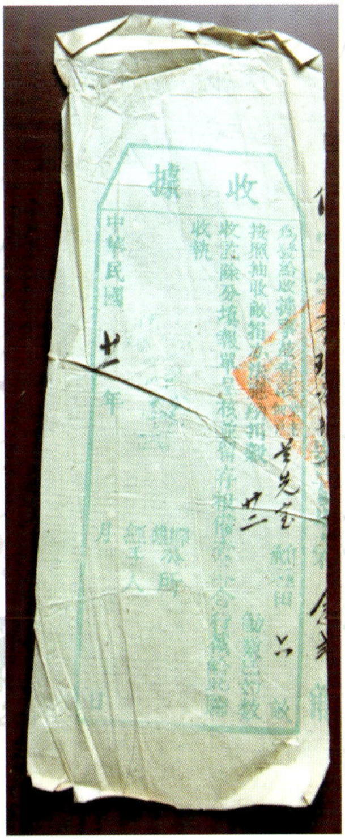

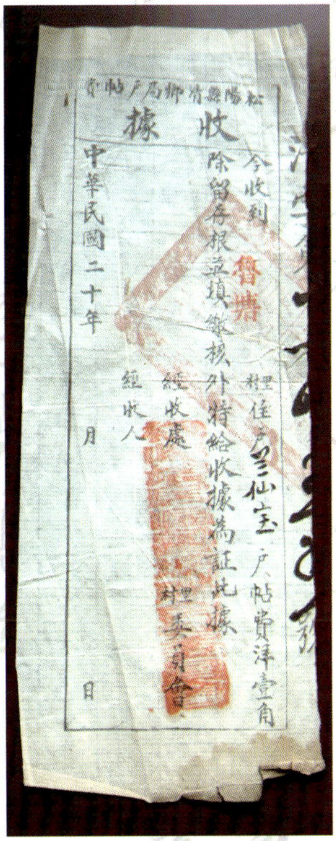

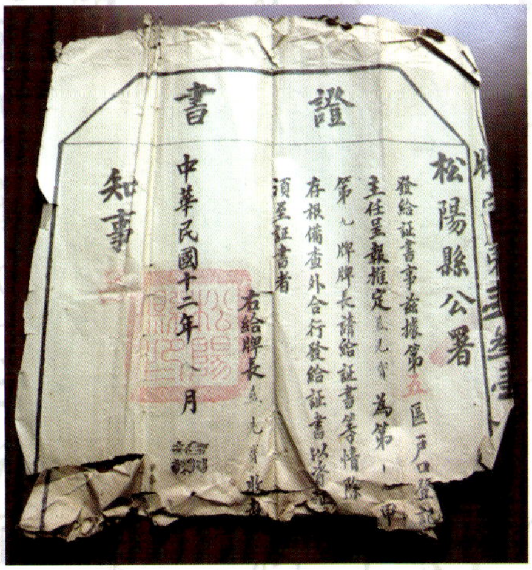

（左）缴纳捐谷费收据
（中）缴纳户帖费收据
（右）牌长证书

丙寅年（1806）二月二十四日子时，死于光绪乙亥年（1875）八月初九，在族中（包括堂兄弟）排行老七。他结婚后，先抱养了一个儿子，叫招喜，后来生了三个儿子，分别叫月秀、月照、月伟，育有两个女儿，大女儿嫁给本村雷石金，次女嫁给下鸟雷天云。妻子去世后，他又娶了一位雷姓的妇女做妻子。老太公在家种田，他们夫妻很勤劳，由于家住在半山腰，他们在山上开荒，开出来了很多山地，在山地上种了很多油茶树，最多时收获 400 多箩筐油茶果，200 多袋，大约 3 万斤。他把油茶果压榨成山茶油，由于在金华卖山茶油的价格远远高于我们本地的价格，为了赚更多的钱，他不辞辛劳，把山茶油挑到金华去卖。他早上四五点起床，双肩挑着担子从丽水松阳徒步到金华，往往一去一回需要花费七八天的时间。尽管很辛苦，但看到口袋中多赚的钱，就觉得这点辛苦很值得。由于赚的钱来之不易，他很节俭，不讲究吃穿，把赚来的钱用来买田地、山地。他用了一生的心血苦心经营整个家，每日省吃俭用，生活艰苦朴素，一生就是为了省钱买地。买来的田地大约有 800 亩，最远到丽水莲都区的碧湖，这边到松阳雅溪。山地大多在附近。他还建造了一座大房子，有 7 间，约 400 平方米，8 家人住在里面。族谱是这样记载的："日盛公，忠孝贤良，祖业遗微，勤俭治家，有为有宁，自手兴波，其性忠忠，温和处世，其赞直真，年享寿考，皇钦重赐。"

日盛太公自己没文化，深知文化的重要性，因此非常重视教育，把儿子送到私塾去读书。最小的儿子月伟，爱好读书，比较争气，考中秀才，并且他活到老学到老，有孙子后，还在认真读书，由于他在族中的威望，他被选上当了族长。月伟又名林开，生于道光庚戌年（1850）十二月初四，死于民国丙寅年（1926）九月，娶了别村的雷五娘为妻，生了四个儿子——孝郭（也是族长）、德宝、德玉、德元。族谱记载："他为人朴实，性和平，气质清清，似月明，创业须知能守业，于今仍旧振声。又赞，忠厚和平，内和外睦，谨守家庭，克勤克俭，事理可明，秉正无私，立代扬名。"

我家的契约为什么保存得这么好？听老人讲，我们有过惨痛的教训，我们祖先缺少文化，加之契约的丢失，结果祖先花了许多辛苦钱购置的地产被人争去，从那个时候开始，祖上就开始注重契约保管了。我们的始祖蓝景财于清朝雍正初年（1723），带着妻子到鲁西村落户。刚开始的时候，蓝景财夫妇向当地人租房、租田。蓝景财与当地山主签订了《承让山契》，把山上的大树砍倒，背下山去卖，开荒种地，数年之后再插树还山与山主。夫妻俩辛勤劳作，经过几年的努力，家里就有点积蓄了，于是，蓝景财兴建了房子，并购置了田地和山林。乾隆初年，蓝景财拿出十余年的辛苦积累，买下了黄岭头一户人家十余亩荒山，并写了《山林绝买契》。几年后的一个冬天，邻居家失火，蓝景财的房子被烧，藏在家中的《山林绝买契》被烧毁。蓝家遭火灾的事情传出后，黄岭头村的卖主反口说与蓝景财签订的是《承让山契》，而不是绝卖，要蓝景财插树还山。由于当年的《山林绝买契》没有到县衙报税验契，无法查找证据，蓝景财十余年的辛苦积累付之一炬。遭此大变，蓝景财一病不起。临终时，他叮嘱妻儿：一、死后将我尸骨迁葬丽邑（今丽水）沙溪；二、日后购置产业，契据要保藏好。十数年之后，蓝景财之子在鲁西村之村头（现村头村）安家立业。俗话说“吃一堑长一智”，前辈因契据遭遇挫折，教训惨重，令后辈子孙痛定思痛，后来每逢买卖，蓝家后人必定到官府报税，同时妥善保管契约，这个传统就这样一代代传承，至今已经 12 代。

当时祖上将这些契约交给后辈时，都曾经郑重交代，一定要像保护自己的生命一样保存好。我家也经历过惊心动魄的一场祸事。1966 年初，为了给祖传的契约找一个安全的藏身地，我和父亲把契约装进袋子藏到后山的一个藏番薯的山洞。当年农历十二月十三日，我家发生了火灾，大火烧毁了房子里的所有物品，藏在山洞里的契约却躲过了火灾，完整地保存了下来。

正由于有了血的教训，我们的每一张契约都要拿到官府那里去纳过契税，加盖官府印章，存有证明文书，这些印章为契约赋予了法律效力。我家有一张清朝咸丰年间的契约，这是一张连环契，上面共记载了村头村一处山林的三次买卖，交易时间分别是咸丰六年（1856）九月十六日、咸丰六年十一月廿七日和咸丰九年三月初八，这份一米多长的契约上，一共盖了 12 个官府的印章。要知道，我们村距离松阳县城近 30 公里，在古代，人们要去一趟县城，需要在崇山峻岭之间走上七八个小时，费时费力不说，还有着生命危险。更何况，交的契税也不少，契约上明显地记载着税率，清末买契征 9%，典契征 6%，民国时期税率常有变动，买契高达 15%，典契 10%。这么高的税率，对我们祖先来说，是一笔不少的钱，他们赚钱实属不易，却仍然要去交税，有的契约还是事后补税，有一张契约过了 17 年、有一张过了 18 年后还去补了税，这些都说明了我们祖先是诚实守法的公民。

我家的契约到现在仍然有用处。20 世纪 50 年代，田分到户时，有一片山地，是太公山，我们当时不知道是太公山，而且邻村村民在山上种上了树木。1978 年，一次偶然的机会，我在翻看契约的时候，发现那片山是我们的。于是我拿着这张契约，找到他们，由于他们拿不出这片山场是属于他们的证据，因此他们最后还是把山还给了我们。这主要归功于每一份契约上都清楚地写着买卖的地方、地界和协议等具体内容，当我们村与其他村之间发生山林权属争议时，我就拿契约去做证据。

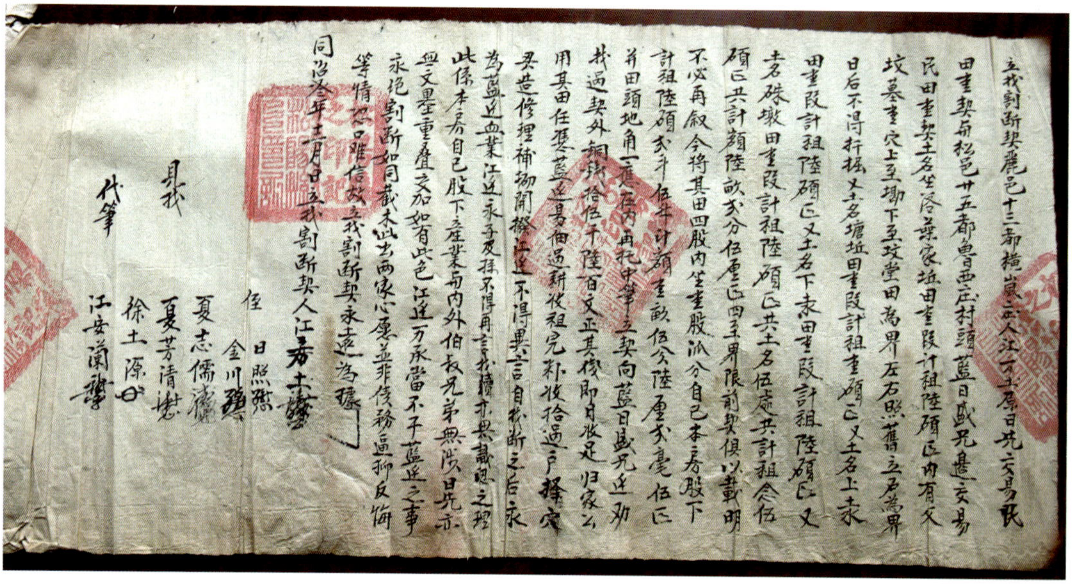

卖田找断契

卖田找契

III

婚姻：依据人性法则的契约存在

康德认为，家庭关系由婚姻产生，婚姻由两性间的自然关系或自然的联系而产生。两性间的自然结合体的产生，或者仅仅通过动物的本性，或者依据法律。后一种就是婚姻，婚姻是两个不同性别的人，为了终身相互占有对方的性官能而产生的结合体。黑格尔则认为，婚姻实质上是伦理关系。婚姻作为直接伦理关系首先包括自然生活的环节。因为伦理关系是实体性的关系，所以包括生活的全部，亦即类及其生命过程的现实。

1. 招赘婚

招赘婚是指男嫁女娶、夫从妻居的一种婚姻形式。根据文献记载和学界研究表明，在先秦时期就有招赘婚。《史记·滑稽列传》中有“淳于髡者，齐之赘婿也”的记载。这说明春秋战国时期就实行了招赘婚，而且那时的赘婿是以身出当、自卖为奴，是一种家奴。[1] 可见这时期赘婿的地位非常之低。他们被要求参军参战，并禁止入仕、不分田地、不立户。到了宋代，赘婚的内容稍有变化，宋代的招赘婚变成了“赘婚补代”，即女方在无子的情况下，为了接续宗祧、补充劳动力、赡养女方老人而招婿入门。南宋朱翌在《猗觉寮杂记》中指出：“人家有女无子，恐世代从此绝，不肯嫁出，招婿以补其世代尔。”这种婚姻里的赘婿由于不存在买卖契约关系，因此在家庭里较少受到歧视。到了元代，招赘婚发展到了鼎盛时期。这时期招赘婚的形式多样，主要有三种：一是终身在女家，改从女方的姓氏，子女姓氏也随女方，称为养老婿或入舍婿；二是不改姓，给女方父母养老送终后携带妻儿回原籍，留一个儿子继承女方门户，称为归宗婿或舍居婿；三是夫妻结婚以后仍然分住在各自的父母家，到女方父母去世后再根据实际需要商定在何处安家，称为出舍婿。[2] 招赘不仅成了“时俗”，而且为官府所认同。元代法典《通制条格》卷三《户令》规定：“若招女婿，（须）指定养老或出舍、年限，其主婚、保亲、媒妁人等画字”，订立作赘文书。明清时期，赘婚内容基本沿袭前代之旧。赘婿或只是传宗续祧的工具，或纯为劳动力。如《大清律例通考校注》规定：“招婿须凭媒妁，明立婚书，开写养老或出舍年限，止有一子者不许出赘。其招婿养老者，仍立同宗应继者一人，承奉祭祀，家产均分。”即赘婿虽然要给妻父、妻母养老送终，但没有财产的完全继承权，更不许由此替代妻家的承祀关系，妻家必须另立同族相应身份的人接替赘婿，并且参与家产的均分。明清时期，民间还有男子入赘不能参议家政及须改从妻家之姓的不成文规定。[3] 可见，无论是从国家的法律，还是从民间的习俗来看，赘婿的地位都相当低。在封建社会，婚姻家庭中实行夫为妻纲原则，其核心思想为“男尊女卑”。妇女的地位已经很卑微了，更何况从妇居的赘婿，常会被讥为“人之疣赘，是余剩之物也”。

[1] 杨宽：《战国史》，上海人民出版社 1955 年版，第 185 页；晁福林：《试论春秋战国时期奴隶制的若干问题》，《北京师范大学学报》1996 年第 6 期。

[2] 徐元瑞等：《吏学指南》，杨讷点校，浙江古籍出版社 1988 年版，第 91 页。

[3] 蒋远鸾：《花蓝瑶赘婚初探——以广西大瑶山门头屯为例》，广西民族大学硕士学位论文 2008 年，第 20 页。

婚床

花轿

与传统的招赘婚相比，畲族的招赘婚具有自己的特色。畲族妇女在婚姻家庭中地位较高的情形，决定了从妇居的赘婿的地位也较高，赘婿不受歧视。正如《建德县志》所云："畲客则喜招女婿，可以婿为子。"[1] 赘婿相当于儿子，但必须改姓。所生子女从女姓，对女方父母亦称父母，不称岳父母。男方可继承女方财产，族亲不得干涉，其家庭地位与女方平等。可以亲生子身份加入宗谱，死后参加女方男子同辈位名排列（出嫁女子参加娘家排位）。

与本族的男娶女嫁的婚姻形式相比，招赘婚是仅次于男娶女嫁的一种婚姻形式。如罗源县八井畲村 150 对夫妻中，嫁娶婚 72 对，占 48%；招赘婚 21 对，占 14%；童养媳 5 对，占 3.33%。[2] 两者的婚礼基本一样。不同的是，男娶女嫁中，新娘是坐花轿到夫家，而招赘婚中，新郎到新娘家步行更多，嫁妆也较少。

畲族的招赘婚主要是为了延续本家支的香火，增加家庭的劳动力，增强本家支的力量。招赘婚，一般是家里只有女儿而没有儿子，如果女儿出嫁，父母将无人赡养，且家业无人继承，因此采用招赘的方式让女婿上门，支撑门户。男嫁女时，女方要付给男方一定财礼作为赡养男方父母的养老金。男嫁女后，对生身父母只在年节送礼，不承担供养义务，不继承生身父母财产。愿意成为赘婿的，大多因为其生身父母儿子较多，经济生活困难，难以娶媳，因此选择嫁到别家"当崽"。

畲族各地招赘婚的具体情况有一些细小的差别。有的地方的畲家即使家中有子，女儿也可以在家招赘。如景宁县东衙村若是家庭土地较多，房屋较好，可多留些子女在家，即使有儿子也会把女儿留家招赘。[3] 广东凤凰山区和莲花山区的畲民招赘时，不仅赘婿要改女方的姓，而且有些地方招赘的妇女也要改姓赘婿的原姓，以示同姓不婚。如林亚犁入赘碗窑村蓝姓后，改名为蓝亚犁，其妻改姓丈夫的原姓叫林亚荣。[4] 闽东畲族招赘婚后，所生育的第一胎子女应从女方姓氏，为女家传宗接代，其后所生男或女均承男方姓氏，为男方传接后裔。女儿或女婿双方都享有继承权。[5] 泰顺县司前人民公社竹垟大队畲族招赘婚，赘婿上门后，倘因与妻子的父母不和睦，有时男子便可将妻、子带回家，但不

[1] 王韧：《建德县志》卷三《风俗志》，民国八年（1919）刊本。

[2] 石奕龙、张实：《畲族——福建罗源县八井村调查》，云南大学出版社 2005 年版，第 112 页。

[3] 同上，第 14 页。

[4]《中国少数民族社会历史调查资料丛刊》福建省编辑组、修订编辑委员会：《畲族社会历史调查》，民族出版社 2009 年版，第 42 页。

[5] 颜素开：《闽东畲族文化全书·民俗卷》，民族出版社 2009 年版，第 182 页。

得带走家产。[1]

云和县山脚行政村大处自然村的上门女婿蓝章讲述了他当儿子的经历。

1948 年我出生在云和县雾溪畲族乡雾溪村，家有 3 个兄弟。当时国民党来畲村抓壮丁去打仗，父亲只好离家躲避，母亲在我出生 8 个月后就把我送给人家做儿子。我曾先后被送给两家人，先是被送到山顶的菩萨庙里，有个姑姑在那里种山。由于经常有人去那里抢粮食，而且只有一户人家住在那里，母亲觉得姑姑那里不安全，又把我抱了回来。再送到父亲躲避的位于大岗村的养父母家。1958 年，在我 11 岁那年，养父母收养了一个 13 岁的女孩做童养媳，我叫她姐姐。同年我开始上学读书，走 4 里路去上小学，用竹筒装点饭菜带到学校用午餐。一年级我读了两年，二年级读了一年，由于我不喜欢读书，上到二年级就不上了，养父母见我不上学，也没有强迫我读书。不上学后，我在生产队里干农活。我 18 岁的时候，养父母让我和姐姐结婚，遭到了我们的一致反对。后来姐姐找了一个上门女婿。我呢，觉得家里住得太高，条件又不好，就想出来给人家当儿子。

1968年，有位媒人带我到云和县山脚行政村大处自然村的蓝金玉家去“太布娘”（看老婆）。蓝金玉是家中的独女，没有兄弟姐妹。我们见面聊天，对彼此的感觉都挺好，愿意进一步交往。蓝金玉就由姑姨陪同来我家“太人家”（看家世）。了解我家的家庭情况后，也没有其他意见。于是我们互送定情礼物。我送给她 5 元钱，那时打工一天才 8 角钱。她回送我一条自织的彩带。接下来，我们订婚了。她父母请媒人来跟我父母商量选了个好日子“订婚”。订婚时，她家给我家最亲的亲戚每家送了一包饼、一斤糖，送给我一套衣服、一双鞋。这些礼物由媒人送到我家，我父母请来亲房叔伯与媒人商定财礼、酒席，宴请叔伯和媒人，“吃定酒”。她父母找先生挑选结婚的日子，这个日子单由媒人送到我家，父母认为这个日子可以，就定了下来。最热闹也最有特色的就是结婚的前一天，我家请六亲九眷、左邻右舍来喝喜酒。迎亲那天，她们家组织了由八人组成的迎亲队伍，由媒人带领，挑着礼物来我家。当队伍到我家村口时，媒人放鞭炮，我们一听到鞭炮声赶紧关起大门迎亲，等媒人从门缝中塞进一个红包，我们才开门。接着，举行了“捉田螺”和“脱鞋礼”仪式。临近中午，我家要宴请客人，吃“落脚酒”，亲朋好友在一起举杯庆祝，喜庆又热闹。晚餐是她家宴请的“请大酒”。酒席中途，我们村的女歌手开始跟赤郎对歌了，这是一个最热闹的场面，对歌一般要一夜。对歌结束，进行请“祖公爷”，

[1]《中国少数民族社会历史调查资料丛刊》福建省编辑组、修订编辑委员会：《畲族社会历史调查》，民族出版社 2009 年版，第 84 页。

而后我们这边八人一起走路去她家，家里没有带衣柜、被子等东西给我，只有行郎挑了一担菜。我们到她家后，我跟她举行了拜堂仪式，中午请“讨亲酒”，宴请她们家的宾客。我给人家当儿子，是要改姓的，但我与妻子同姓，因此就不需要改姓。

婚后，1969 年，我们生了一个孩子，但后来生病死了，为此我们到杉坑岭收养了一男孩。他们家有 7 个孩子，父母养不起，把倒数第二个孩子送给我们。我们收养孩子，主要是托他们家的风水，自己家里的孩子会好养一些。果然，1971 年，我们的大儿子出生了，我的责任就更大了。农忙时，我在生产队里干活，挣工分。农闲时，我主要是上山砍柴，挑到县城卖给别人，那时 100 斤柴只卖 1 元钱，一直到 10 年后也只卖到 1.5 元。20 世纪 70 年代，由于稻谷品种不好，种的是高杆稻谷，像“九月秋”“红米”等品种，没有化学肥料，加上生产队管理不好，产量很低，分到每个农户家里的粮食少，家里不够吃，只好偷偷地跑到景宁渤海等偏僻的地方买番薯丝充饥。那时候大家都要全心全意搞集体，不允许搞个体。渤海等地因较偏僻，山地多，他们偷偷地种番薯，我们也偷偷跑到他们那里买番薯丝，一旦被发现就要被没收，直到后来才允许自由买卖。

1981 年，承包到户，日子就过得好一些。家里有 7 口人，人均 1 亩地。农忙时，我在家种田。一有空闲，我就外出做建房小工，在工地上担水泥，干一些体力活，后来我跟人装光缆、拉电线，一干就是 30 多年。刚开始，一天的工资只有 4 元，我自己带饭去打工，起先没有饭盒，是用蒲草做的袋子装饭。有时干活的地方很远，要很早出发，赶到县城集合点，再坐车去，晚上很晚才到家。有一次，跟他们领导吃中饭，1 顿饭 5 元，那时我一天工资才 4 元，还欠人家 1 元。到最近几年工资一天才有 140 元。 20 世纪 90 年代初，我帮人家给电信拉电线，从景宁大坟拉到景宁县城，干了 43 天半，每天工资 30 元，最后只拿到 47.5 元工钱，由于老板做亏了，跑路了，其余的工钱至今都没有拿到。这样的事情后来也遇到过好几次，拿不到工钱也没有办法。

有一次，邻村一位熟人揽来拉电线的活，叫我帮忙干。在拉电线的过程中，不小心操作失误，把一位老太太电倒了。我赶紧打电话给他，告知此事。他让我把老太太送到医院治疗，并要我出面处理这件事，不要透露承包人是他，他答应会给我适当的误工费。他这样做是为了让自己少赔偿一点。因为他的经济条件较好，如果他出面处理，至少要赔偿几万元。在老太太治疗期间，我经常到医院看她。出院后，老太太的家人托亲戚打听我的家庭情况，得知我家里没有财产，最后他们只提出了赔偿 3000 元，就了结此事。后来，我不仅误工费没拿到，就连干活的工钱也没拿到。从那以后，我再也没有给他干过活。

话当年

云和县山脚行政村寮对面自然村的上门女婿雷新元讲述了他的故事。

我今年 66 岁，是云和县赤石乡阴岩人。20 多岁时经亲戚介绍到这里上门当女婿。我妻子家有 4 个兄弟姐妹，她排行老二，有 1 个哥哥和 2 个弟弟。由于家里只有一个女儿，父母对她格外疼爱，舍不得她出嫁，就留家招赘。我和妻子结婚时举行了传统婚礼。我原来姓钟，上门后改姓妻子的雷姓，我的两个儿子都跟随妻子姓雷，我叫妻子的父母为父母，不称岳父母。她的第一个弟弟娶了媳妇后，跟家里合不来，于 1982 年家里进行了分家。我爸爸有工作，妈妈是农业户口，因此分家时先抽出妈妈的养老田（等妈妈死后再把妈妈的这份财产平均分配），然后再分配财产。我们四个兄弟（我算是半个儿子），每个人分到了两间房，我大哥对这个家庭贡献最大，分到新房子的左面两间房，得到了一间猪圈，长孙分到了长孙田；我分到了新房子的右面两间房；两个弟弟各分到了老房子的左面、右面两间房。最小的弟弟没有结婚，分到了 5000 斤稻谷做“老婆本”，他有工作，所以没有分到田地和种田的农具。父母跟他住，帮助他娶妻。田地则按农业人口平均分配，种田的农具由三家平均分配，剩下的稻谷按人口平均分配。

1999 年我妈生病去世后，对于我爸爸的生活起居，我们四人经过商量后决定：小弟弟住在县城，照顾父亲不方便，他每个月出 200 元的伙食费，其他三个儿子每个人负责父亲一个月的伙食，轮流照顾；父亲有退休工资，他每月拿出生活补贴费 50 元。父亲生病住院期间，三个儿子轮流照顾 1 天，小儿子负责送每天的中饭和晚饭。在父亲的生活不能自理期间，三个儿子轮流看护。2009 年父亲去世了，他生前立了口头遗嘱：他名下的孙子每人 500 元，其余的财产扣除丧葬费，由四个儿子平均分配。

近年来，我隔壁的姑姑家，有一儿一女，儿子娶了汉族媳妇，女儿招了一个汉族女婿。由于畲汉通婚，他们结婚时没有举行传统婚礼。现在即使是同族通婚，也很少举行传统婚礼。他们的婚礼很现代了，在家办酒席，女婿来他们家是坐小轿车来的，嫁妆事先就摆放在女家，有许多现代家用电器。女婿没有改姓，小孩随母亲姓，兄妹分家时平均分配财产，父母与儿女分开单独过日子。甚至畲族女孩嫁给汉族做媳妇，生下的孩子出于民族政策的考虑，婆家也同意孩子跟母亲姓。

2. 童养媳

由于男女双方婚前关系、婚配条件、婚后居住及所有的权利、义务等情况不同，畲族的婚姻形式也不同。一般而言，畲族传统婚姻形式主要有四种。一是女嫁男方。有子有女的家庭，一般是把儿子留家娶妻，把女儿嫁出去做媳妇。这是畲族最主要的婚姻形式。二是男嫁女方。把儿子像女儿一样嫁到女家落户，又称招赘。畲家有女无子的家庭多实行招赘，借此延续家庭，增加劳动力。这是仅次于女嫁男方的婚姻形式。三是男女互嫁。畲家如新婚夫妇双方都是独生子女，或父母多病，弟妹尚未成年，缺乏劳动力时，新娘新郎就要种两家田、赡养两家父母。若夫妇双方均为独生子女，则继承双方财产，供养双方父母。四是子媳缘亲。畲族有些有子的贫困家庭，唯恐日后无力娶亲就会抱养童养媳，待童养媳长大后与儿子成亲。

新中国成立前，畲族抱养童养媳的现象很普遍。1955 年对广东凤凰山区、莲花山区的畲民调查显示，当地童养媳现象很普遍，多为从汉区买入几个月或几岁的婴儿，或讨十一二岁的汉族穷人家的女孩，待其长大到十七八岁时，于农历除夕与家中儿子完婚结为夫妇。[1] 畲族盛行此婚姻，原因主要有：一是清代就流行童养媳婚姻。清代，全国有童养媳记载的州县为 561 个，而当时清朝州县总数为 1724 个。[2] 有童养媳的州县占全国总州县数的 32.54%，将近 1/3。可见，童养媳现象在当时很普遍，已经成了一种风俗。二是畲族的经济困难。清代，大多数畲民长期“佃耕以活”。[3]1840 年鸦片战争后，官僚、军阀、地主、高利贷者大量兼并土地，土地高度集中，畲民只能依靠租种地主的土地过活而沦为佃户。畲民向地主租种土地，要预先交租款或付押金，还要交地租。地租的种类繁多，有田租、地租、山租、屋基租、牛栏租、粪缸租、猪栏租、坟租等 30 余种。除了要交高额的地租外，还要遭受地主的“瘦出肥抽”的剥削。清代地主豪绅对畲民的剥削巧立名目，敲骨吸髓。民国时期则苛捐杂税多如牛毛，如保甲费、保卫团团费、自治费、壮丁费、草鞋费、房捐、月捐、门牌税、鸦片税等，光壮丁费一项，就使许多畲民家破人亡。[4] 景宁惠

[1]《中国少数民族社会历史调查资料丛刊》福建省编辑组、修订编辑委员会：《畲族社会历史调查》，民族出版社 2009 年版，第 42 页。

[2] 郭松义：《伦理与生活——清代的婚姻关系》，商务印书馆 2000 年版，第 252 页。

[3] 景宁畲族自治县民族事务委员会：《景宁畲族自治县畲族志》，1991 年，第 38 页。

[4] 浙江省少数民族编纂委员会：《浙江省少数民族志》，方志出版社 1999 年版，第 149 页。

明寺畲村当时就流行一句“蜡烛横横倒、火笼当棉袄、辣椒当油炒、番薯丝吃到老”的村落民谣，真实地反映了畲民的生活处于极度贫困的状况。在这种极度贫困的情况下，一方面，贫苦人家生下了女儿又无力抚养，为了不使女儿饿死，就把她送给别人。生身父母将女儿送给别人做童养媳也是不得已而为之。另一方面，抱养童养媳的男方家庭可以减少一大笔娶媳妇的开支。福州畲族在民国时期及以前，由于生活困难，居住地点较偏僻，怕儿子长大后娶不起或娶不到媳妇，所以，多提前领养同族或汉族的女婴，俗称抱“媳妇仔”，等长大后“拢房”，可节省定亲、送礼、迎娶等花费。[1]泰顺县司前人民公社竹垟大队畲族新中国成立前抱养童养媳现象也是由于家境困难，又有男儿，唯恐日后无力娶亲，便先养育一女，作为媳妇。[2]三是有些畲族家庭，夫妻结婚后很长时间没有生育子女，就先抱养别人的女孩，一旦日后自己生育了儿子，就作为童养媳。如果夫妻终生无生育，就把她当作自己的女儿，招婿入门，继嗣香火。

童养媳指女婴或幼女由其公婆家养育，待其成年后与公婆家的儿子正式结婚。畲族抱养童养媳，一般挑选符合与本家通婚条件的同族或汉族，择吉日抱进男方家抚养，到成婚时为其择吉完婚。童养媳的婚姻首先具有不确定性。有的童养媳在其长大后与原定的丈夫结婚。有的童养媳在婆家待了一段时间后，忍受不了婆家的虐待而回到娘家。有的童养媳长大后，原先婚配的男方移情别恋，她只能与“原配”分手而回娘家，再嫁给他人。有的童养媳在婆家生活一段时间后被转卖给他人。其次，与女嫁男、男嫁女和男女互嫁这三种婚姻形式相比，童养媳的结婚仪式简单。在男方家抱养童养媳的时候，象征性地给女方娘家些许财物，这些财物与娶亲的财礼相比，微不足道。童养媳长大成人后，男方家要办“缘亲酒”，“缘亲”酒席和娶媳一样，但不举行婚礼仪式。拜过祖宗，才能结成夫妻同居，畲族称为“作大人”。贫困家庭甚至不办“缘亲酒”，男方家里的父母在过年那天，煮两个鸡蛋给两人吃了就让他们圆房，算是结婚了。

在新中国成立前，童养媳婚姻在本质上是一种强制性的包办婚姻。童养媳在婴儿或幼儿的时候，还未见到未来丈夫的模样，其婚姻就已经由抱养

[1] 福州市地方志编纂委员会：《福州市畲族志》，海潮摄影艺术出版社 2004 年版，第 414 页。

[2]《中国少数民族社会历史调查资料丛刊》福建省编辑组、修订编辑委员会：《畲族社会历史调查》，民族出版社 2009 年版，第 85 页。

奶奶与孙子

村口

的男方家庭决定了。她们在很小的时候被迫离开了亲生父母，来到了男方家里。在童年时，就要从事一些家务活动。稍大一点，就要下地干活，有的时候，繁重的体力劳动及来自身体的饥饿感甚至超越了她们的年龄所能承受的范围。倘若遇到了十分严厉的公婆，她们的身心还要受到虐待。在婆家，童养媳主要从事生产劳动，肩负繁衍后代的职责，她们的许多自身权利被忽略，没有自主权。童养媳的婚姻质量因人而异，有的夫妻感情很好，有的夫妻关系冷淡。新中国成立后，畲族也存在着童养媳，但童养媳现象逐渐减少，童养媳的境遇比以前好多了，童养媳长大成人后，必须经过男女双方同意婚配后才能举行婚礼，请过“缘亲酒”，拜过祖宗，才能成夫妻同居，她们充分地享有婚姻自主权，假若女方不同意结婚，即以兄妹相称，男方另娶，女方再找男子成亲，如要出嫁，则如同嫁女一样。

2014 年 8 月 10 日，我们到云和县山脚畲村做田野调查。时年 90 岁的蓝元花阿婆向我们讲述了她自己隐藏于内心深处鲜为人知的童养媳的经历。

我出生在云和县安溪畲族乡黄处村，有一个亲弟弟，父母亲为弟弟收养了一个童养媳，比我大，我叫她姐姐。9 岁那年（1933 年）母亲得天花死了。经熟人介绍，父亲带着我、姐姐和 7 岁的弟弟到山脚藤寮自然村上门，那时候，继母的丈夫也生病死了。父亲和继母后来生了一个弟弟。我 10 岁时被卖给邻村一户蓝姓人家当童养媳，男方小我 4 岁。蓝姓人家的父母亲很厉害，对我很凶，根本不把我当女儿看待，我只是他们家的一个苦力而已，一天到晚干很多活，很少休息。那时整个社会都是这样，有儿子的家庭，父母都会找个比儿子大点的女孩当童养媳，这样可以给家里增加一个劳动力，帮忙干活。等他们大点后结婚，还可以省点钱。我在家干活，而我未来的老公则去村里办的学校读书。

一提起这段辛酸的往事，我就痛苦万分。那是我一生中最痛苦的经历，根本不愿提起，现在说出来让人听起来像在说天书，说古老事。我 11 岁的时候，大约是 6 月份，生病了，出麻疹，发高烧，烧得非常厉害，感觉口很渴，就找婆婆要水喝。当时我才 11 岁，还是个孩子，是个需要被父母疼爱的孩子，还不太懂事，又加上病得十分厉害，就找大人要水喝。没想到婆婆说我吵她、烦她，于是就抓起了身边的一根木棍，拼命地打我，把我打得遍体鳞伤不说，更可怕的是打伤了我的右眼。婆婆见没法向我的娘家人交代，就四处背着我去看病，去过很多地方，看了很多个医生。只要听说哪个医生好，就去找他治疗。整整一年的时间都在外四处求医，但是最终眼睛还是没治好，落下了病根。我的右眼不太好，看得不太清楚，只能见到一点光线，好在没瞎。18 岁的时候，我与老公结婚了，家里人要面子，抬轿子接客人。

1952 年有场运动，反封建婚姻，当时村里还放了《梁山伯与祝英台》的电影。只要是大人包办的婚姻，政府允许他们离婚。我们夫妻没有多少感情，丈夫对我不好，28 岁时我们离了婚。不久，我改嫁给现在的丈夫。现在的丈夫之前也是包办婚姻，当时他跟妻子离了婚，跟我结婚。1959 年那年闹饥荒，很多人没粮食吃，饿死了。据说当年山脚村饿死了很多人，在全县中算是严重的。那时我们都饿得难受，为了能活下来，没办法，60 多岁的继母只得跑到里弯自然村，偷来了本用来做种子的番薯给家人吃，吃完后心里担心挨骂，更害怕被人抓去批斗，继母想了很长时间，最后还是自己跑到离家不远处的一个水塘，跳塘自尽了。亲弟弟长大后，回到了老家，找到了一份工作，但好景不长，只工作了几年，就生病去世了。他媳妇后来改嫁到了景宁县的一个雷姓人家。我们夫妻两人没孩子，抱养了一个女儿，那时她才 5 岁。后来又抱养了一个儿子，那时儿子才 11 岁，女儿大儿子一岁。当时我们夫妻俩原本打算让养子女长大后两人结为夫妇，但后来养子女都不同意，我们夫妻俩也只得作罢。他们后来都找到了自己的意中人，各自成了家。

同村 80 岁的雷金妹的童养媳经历与上述的经历不同。

小时候，我家里穷。我在村里办的学校读书，村里请了沈岸的一位老师来教书，上完一学期课后再交谷子作为学费。我很聪明，喜欢读书，在班里经常得第一，由于书读得好，与我妈妈同母异父的舅舅很喜欢我，跟我妈说要收养我当童养媳。刚开始妈妈没答应，后来舅舅又说了很多次。舅舅家是中农，家里有田地，比我家富裕得多，妈妈见舅舅很有诚意，又许诺让我上学，也就同意了。我 13 岁的时候就给舅舅家当童养媳，我的表弟比我小 1 岁。舅舅家挑了一些菜、酒过来，在家里办了几桌酒席，叫来亲朋好友吃饭，我就到舅舅家做了童养媳。但到了舅舅家后，我只读了半年书，他就不让我上学了。舅舅要我干活。我干了很多活：放牛，干田里的农活，上山割柴草，烧饭。记得有位跟我同岁的邻家女孩，长得比我壮实，我较瘦小，打的柴草比我多，挑回来的柴草比我重。舅舅当着我们的面，把我们的柴草用秤来称，一称就发现我的柴草的重量比她的轻很多，舅舅嘴上不说，但是我自己心里明白，舅舅有点嫌弃我干的活比人家差。那时干活真的很吃力，有一次天还蒙蒙亮，我就跟大人一起走路，赶到离家十几里外的山上去摘油茶果，摘好后又走路回来，那次我一天来回走了将近三十里的山路，在我这一辈子中算

畲族新娘

是很远了，真的很累。舅舅对我不是很好，没有把我当亲生女儿看待。有一次，家里雇了一些人帮忙收割稻谷，我也去收割。我只拿了自己的镰刀，没有拿其他人的，舅舅很生气，就打我，当场把我的耳朵打出了血。妈妈在我15岁时生病死了。20岁的时候，哥哥见我可怜，舅舅他们又不疼爱我，就把我叫了回来，我没跟表弟成亲。

23岁时，我跟嫂嫂到她娘家玩，经嫂嫂初次介绍后，认识了老公，老公是杉坑岭人，靠给别人家放牛为生，我觉得他人好，就找他上门当了女婿。成家后我们跟哥嫂一起生活了好长时间。后来，才分家单干。老公身体弱，挑不了重担子，我尽管弱小，挑的担子比他的还重，在生产队干活，挣的工分很少，得到的粮食少，也仅够吃上饭，不挨饿。快到40岁时才盖了新房子。我这辈子最开心的事是唱山歌。我20多岁时学唱山歌，那时大家喜欢唱歌，我听多了，自然会唱，而且我记性好，听几遍就记住了，年轻时学的歌到现在还能记得，40多岁学的反而很容易忘记，到了70岁才不唱歌。我是村里的唱歌能手，歌唱得好，会唱的歌又多，远近闻名。主家会请我去唱歌，结婚时跟人家对歌，老人过世了也唱，这么多年，我已经唱了50多年的山歌了。这是我最自豪的事。

与她们痛苦的经历相比，86岁的蓝水花的童养媳经历却是迥然不同。

我出生在云和县沈岸村，13岁时到云和县山脚村当童养媳，老伴比自己小3岁。那时婆家有10多亩地，还租地主家的地来种。婆家没女儿，待我如亲生女儿，没亏待我，没给我脸色看。过来当童养媳时，婆家还挑了酒菜去我家，摆了几桌酒席，款待我的亲朋好友，意味着我给人家当童养媳了。20岁时我跟丈夫结了婚，在村里摆了酒，还按当时的风俗，租了新娘装穿在身上，就像现在的年轻人时兴租婚纱结婚一样，父母还雇人租了几顶轿子去接客人。当时，有的人家没钱，就在年三十晚上，家里大人煮了2碗鸡蛋，给新婚夫妻吃，吃完后让他们当晚同房，就算结婚。我干活跟着别人，干多少算多少。公婆从不嫌我干得好坏、多少，我也不会因为干不好了就挨骂，甚至挨打。总之，我名分上是童养媳，但实际上没受苦。1949年12月份，是冬天，搞土地改革，我们家被评为中农，不用把田地分给别人。自家靠种地谋生，农忙季节，要雇人收割稻谷，还租别人家的地种，交给人家租谷，挑着粮食去交租谷。新中国成立后，我被选上当了妇女主任，当了好多年，到过县里，甚至到丽水开过会。我生了大女儿后，要带孩子就没当了。我就亏在没读过书，不认识字，如果读过书会识字，那前景会更好。

20世纪50年代、60年代的困难时期，在一些畲族山区，畲民抱养附近的汉族女孩作为童养媳。松阳县板桥畲族乡金村村支书蓝海金讲述了他们村童养媳的情况。

我们村50多岁、60多岁的人当中就有5个童养媳，都是汉族，都来自附近的丽水碧湖。碧湖到我们这儿，坐汽车最多只要3个小时。20世纪五六十年代，人们的生活很艰难，尤其是1959年到1961年的三年大饥荒。饥荒在丽水碧湖蔓延，很多人没粮食吃，就挖野菜充饥。年轻人最不经饿，他们多数患水肿病，一个接一个倒下。很多人饿死了。有些人为了活下来，知道我们这里好，就跑到我们山区来，甚至一家几口人到我们山区来要饭。我们山区，虽然没有粮食，但是我们进深山开荒种玉米、番薯，依靠玉米、番薯丝，可以勉强度日，不至于被饿死。那时候童养媳家里的兄弟姐妹很多，家里没得吃，父母又不太重视女孩，都知道我们这里有东西吃，不会被饿死，所以只要我们这里的人家提出要抱养他们的女儿，他们都会同意我们抱养。我们这儿有的家庭两代都是童养媳，妈妈自己就是被抱养的童养媳，妈妈长大结婚后没生小孩又抱养了别人家的女儿做童养媳。抱过来的童养媳，有的在这里生活了几年、十几年之后，由于亲生父母家里的各方面条件都比这里好很多，有3个童养媳在没有结婚之前就被亲生父母叫了回去。也有的童养媳在结婚后没有孩子之前回到亲生父母家，回去后改嫁他人。回去的人中有1个童养媳很感激养父母的养育之恩，把养父母当亲戚，逢年过节常回来走亲戚，看望养父母。

20世纪50年代末抱过来的童养媳，他们差不多是20世纪70年代结婚，在结婚之前，父母提议要他们结婚，必须是他们自己也同意才能成亲。有的养子女不同意，父母也不勉强，养子女则以兄妹相称，而且感情很好。父母把养女嫁给了她愿意嫁的人，又为养子娶了媳妇。那时我们这儿生活也比较困难，因此他们的结婚仪式很简单，根本没办酒席，家里的大人（即父母）在过年那天，煮了两个鸡蛋给两人吃了就让他们圆房，就算是结婚了。

其中有一对夫妻双方都是抱养的。丈夫8岁的时候到这里来要饭，养父母见他可怜，自己身边又没有孩子，就收留他当了儿子。妻子是在7岁的时候，养父母通过亲戚朋友带过来当女儿。丈夫比妻子大3岁。因家里困难，娶不到老婆，在妻子16岁那年，父母提议让他们成亲，他们自己也同意，就圆房了。17岁时生了第一个小孩，后来一共生了两个女儿一个儿子，夫妻感情一直都很好。1992年到1993年，夫妻为了生第三个小孩，逃避计划生育，跑到外地躲起来，只在

忙碌

过节时才回家。现在女儿、儿子在北京开店，妻子时常去帮忙带孩子、看店。

还有一对夫妻，妻子比丈夫大 2 岁。在 1958 年那年，人们的日子很难过，妻子的兄弟姐妹有 6 个，家里孩子多了，父母养不活，她又是个女孩，经亲戚朋友介绍，养父母抱养了她做女儿。之后，养父母生了一个儿子，就是她的老公。养父母对她很好，一直把她当女儿看待。过了十几年后，她的亲生父母家中条件变得很好，兄弟姐妹都有工作，有的是国家干部，有的是企业领导，也有的在医院工作。兄弟姐妹都要求她回家，给她安排工作，要她顶父母的班。但是由于她没读过书，没文化，干不了父母的工作。养父母家庭条件还可以，家里没什么负担，四五个人都会干活，在生产队里都能挣工分，生活还可以，日子过得还算舒心，因此也就没回到亲生父母那儿。夫妻俩感情很好，婚后育有一个女儿和一个儿子，2000 年，妻子生病去世，老公至今没有再婚。

3. 赤郎

赤郎是浙江丽水地区畲族婚姻礼仪中不可缺少的人物。畲族婚礼既热闹又富有情趣，具有独特魅力，赤郎在这当中扮演了重要的角色，起了非常重要的作用。赤郎是位男歌手，既要会唱歌，唱得好听，又要歌多。在婚礼中有赤郎角色的仪式有拦路迎亲、赤郎借锅刷锅和长夜对歌。在迎亲那天，男方组织包括赤郎参与的迎亲队伍快到女方大门时，有一个热闹的场面，叫“拦路迎亲”。媒人放三只双响鞭炮，报讯迎亲队伍来到，女方也放两只鞭炮迎接。这时，女方的阿姨舅母们随即拿着杉树枝拦在路上，表示夜里要对歌。赤郎肩挑礼品，右手折三小枝抛路上，再折一枝抛路下，然后送过 “接礼包”给阿姨舅母，阿姨舅母就拿掉杉树枝给予放行。此时要放大量鞭炮。

来参加婚礼的女方的宾客一般吃两餐，中餐是女方家宴请的 “落脚酒”，晚餐是男方宴请的“请大酒”。在晚宴之前，男方借女方炊具办酒席，为“借锅”。以前是男方带来厨师，进行“借锅”仪式后，自己动手烧菜。现在是赤郎代“借锅”，请女方厨师帮烧。“借锅”在下午进行。“借锅”时，中堂祖宗香案上点燃香烛，赤郎来到灶前，这时厨房站满了看热闹的人，村上的姑娘、妇女围在灶边。阿姨舅母端来盛有一块猪肉、两块豆腐及点了一对红烛的米筛，向赤郎作个揖，赤郎接过又向阿姨舅母作个揖，再向灶神作个揖，米筛放在灶上，开始念开场白："郎儿（赤郎自称）掌（住）山头，多见柴林，少上书堂，口言来短，古礼难周全，念错要莫怪，阿姨舅母多多原谅。"再念"借锅"词。第一段为对岳父家环境的赞美：

今脯来到太公乡，太公掌的好寮场，
门前麒麟对狮子，寮后金鸡对凤凰，
龙马相在在寮场，观音坐落在中央，
金字寮门八字开，郎儿借锅上门来。

接着是念借炊具的谜语畲歌：

四四方方一垛墙（锅灶），中央开双大龙潭（铁锅），
铜镜双双对月光（锅盖），金鸡洗浴海中央（木勺），
仙女点香来洗坛（竹刷），凤凰伸腰五味香（锅锹），
鲤鱼翻白凑成双（菜刀），双龙抢珠城门内（火钳），
金童举掌开火路（火铳），玉女吹箫笑眯眯（火筒），
三脚落地火焰山（风炉），两耳朝天喜洋洋（小锅），
江南兰花金玉盏（酒杯），青龙引水名茶香（茶杯），
象牙银线成双对（筷子），锡将军来坐木台（酒壶），
…………

女方厨房凡能藏起来的炊具，已被姑嫂们事先藏起来，赤郎念到什么，念一样拿一样。如果有遗漏未念到的，就要赤郎重新"借"全部东西。念完之后，大家认为"借"齐了，就开始杀鸡，地上摆上碗，赤郎执刀杀鸡。如果有血滴到地上，就要罚酒，一滴罚一碗，爱耍的姑娘故意来碰撞一下，使鸡血滴到碗外，就有两个姑娘分别提着酒壶、端着碗，斟满一大碗，要赤郎喝，不喝就动手灌。有经验的赤郎会找准时机把鸡杀掉，滴两滴血到碗里，马上把鸡头夹进翅膀提走。杀完鸡，菜刀放进米筛，再加上"厨师包"，端起向厨师作揖，厨师接过米筛，"借锅"完毕。

晚宴的酒席中间，女歌手就开始找赤郎对歌，唱：

太脯（昨天）听讲赤郎来，姐妹双双站门背，
姐妹双双去修路，修条大路赤郎来。

赤郎答：

今日寮里起身来，收拾南货（礼品）两三回，
收拾南货饼搭面，担落娘洞度花栽。

起歌头后，边唱边吃。酒席完毕后接下去唱。对歌是最热闹的场面。唱的歌有《度亲歌》《嫁女歌》《采茶歌》《结成双》《恩爱夫妻》等，忌唱不吉利的内容。对歌到半夜，客人吃点心，畲语叫“办回盘”。赤郎即唱《点心歌》，其中一首：

新打酒壶颈下乌，我郎斟酒你吴（不）顾，
我郎斟酒你吴食，吴是嫌淡就嫌浓。

女回：

酒壶装酒浓又香，双手捧盏尽斟上，
句句劝郎莫斟满，酒醉吴好唱还郎。

到新娘该准备起行时，要唱《催亲歌》，该歌的最后一首是：

五更鸡啼催天光，劝你主家扮新娘，
子时出门把路赶，卯时夫妻好拜堂。

唱到最后要唱《十二生肖歌》以送“歌神”。结尾是“唠歌唠到天大光，送你歌神出外乡，唱条歌儿安香火，一年四季保安康”[1]。

云和县闻名于畲乡的歌手蓝章说了他当赤郎的情况。

我养父母都会唱歌。小时候，我们家里经常能听到歌声，爸爸和妈妈都爱唱歌，他们在劳动时、闲时都唱。父亲在正月里边做草鞋边唱歌，妈妈在编织彩带时也会唱歌。他们两人还常在家对唱，家里就成了歌的海洋。我耳濡目染，也喜欢唱歌，爸妈经常教我唱，我学得很快。村里只要来客人就对歌，对歌的时候，全村的男女老少都爱去看热闹，我跟爸妈一起去听歌，我还用心学，边听边记下他们的歌，心里还琢磨着他们的唱法。到15岁时，我在村里唱歌已经是小有名气了。

我第一次当赤郎是在我到大处当儿的那年冬天。我与妻子订婚后，两家就以亲戚来往，我会去他们家帮忙干活。那时村里有文化站，大家都时兴唱歌，婚嫁喜庆唱，逢年过节唱，来客人还长夜对歌，我就在一次对歌中唱出名了。村里知道我是个唱歌能手，我们村有户人家到沈岸村娶媳妇，就请我做赤郎儿，请村里一位年长并有着丰富经验的老歌手做赤郎，我跟随赤郎边看边学。赤郎在婚礼中要举行借锅、杀鸡仪式，在对歌中，他是代表男方的主唱，赤郎儿在对歌仪式中也要跟女方歌手对唱，此外在新娘到新郎家的那天，他要负责挑礼品或抬新娘花轿。

从那以后，我就开始做赤郎了。到现在为止，我一共做了50多次。光在

[1] 丽水地区畲族志编纂委员会：《丽水地区畲族志》，电子工业出版社1992年版，第150—154页。

歌咏贺婚

娶亲路上

1990 年那一年我就做了 3 次赤郎，长夜对歌对了 3 回。4 年前做了 2 次赤郎，一次在银畲，一次在程宅。我印象最深刻的是 13 年前，雾溪畲族乡石板桥村有户人家到丽水市老竹镇畲村娶媳妇时请我做赤郎。迎亲那天，下午借锅、杀鸡仪式后，就开始跟女方歌手对歌，男方除了我之外还有一个赤郎儿，也会唱歌。女方有 3 个女歌手，肚里有歌。对歌开始、结束时都有规定的曲目，除此之外，我们对歌更多的是临场发挥，即兴编唱，根据对方女歌手唱的歌词内容应对，随编随唱。见物唱物，见人唱人，无所不唱。那次对歌很尽兴，从下午起唱到第二天天亮。

2014 年 7 月 30 日，我们村蓝朝旺孙到安溪畲族乡下武村娶媳妇，请我做赤郎。安溪畲族乡文化站蓝鑫玉快要退休了，一直想把畲族传统婚礼仪式保存下来，这次正巧遇到了同族通婚这个千载难逢的机会，因此向结婚的双方父母提出来，要搞一个传统的婚礼仪式，并把它全程录下来，刻录成碟片。为了弄得更好一些，事前，男女双方的歌手聚集在一起商量、讨论。这次，歌手的阵容比较强大，男女双方都请了当地有名的歌手，男方 3 位，女方 6 位，年龄都在 40 岁以上，最大的有 80 岁，场面比较热闹。婚礼请了专业摄像师来摄像，从 30 日上午到达女方家的拦路迎亲开始，到第二天上午为止，一共录了 8 个片，其中有 6 个对歌的唱片，每个片 55—60 分钟。

我经常参加云和县举办的畲族“三月三”歌会。第一次在赤石乡阴岩村举办，当时我跟其他三位歌手一起唱畲歌，县里给每位歌手做了一套畲族服装，放在街道，要用的时候可以借出来穿。除了参加“三月三”歌会唱歌外，我还上网把网上有名的歌手唱得好听的歌下载下来，花钱请人做碟片，把碟片送给那些喜欢听歌的族人。我还曾与其他 17 位喜欢畲歌的族人一起包车到景宁一位有名的女歌手家，专门跟她对歌，这位女歌手曾到北京、杭州等地唱过畲歌，有点名气。我们一共去过 6 次，每次对歌 3 小时，我们都录有碟片。以前是用手机录，效果差，最后一次请人专门摄像。录好音后，我请懂行的人做碟片，我自己写歌的字幕，人家唱的歌，我要用汉语一一对应，这个很花工夫，不懂畲歌的人写出来的文字很拗口。我还要进行剪辑，人家唱得好，我才留下来，不好的，就删除，还要去掉噪音。我做好后，除了自己听外，爱好畲歌的人想要碟片的话，我收成本价，自己添功夫。我们村有一个人很孝顺母亲，平常忙于做生意，没时间陪父母。他知道母亲喜欢听畲歌，知道我在制作碟片，有一次在街上遇到我，就向我预定了几张碟片送给母亲，期盼母亲听了歌后能消除寂寞，心情舒畅。我们村经常有老年人聚集在一起听歌，他们的晚年有畲歌陪伴，生活过得有滋有味。

泰顺县畲族结婚礼仪与丽水畲族不同，他们没有赤郎这个角色，也没有借锅这个仪式，他们有行郎角色，行郎是娶亲之家挑选能抬轿的男歌手去嫁方家抬新娘。在婚礼中要举行难为行郎的仪式。畲家称轿夫为“行郎”。男家迎亲花轿来到女家，女方姑嫂姐妹一般都要出来为难轿夫，与轿夫对歌，比试才华。即以种种借口来留“姐妹”，意欲不让“姐妹”被他们抬走。轿夫则用种种理由说服女方，使花轿顺利出村。他们整个赛歌中，比较有趣的算“求蛙”。“求蛙”又称“轿蛙”或“撬蛙”，即轿夫在男家出发之前，将准备好的1包零钱镍币藏在某一轿夫的肚兜里，象征蛙类。届时，女家姐妹千方百计地把这蛙撬出来。而后，她们回到内厅，把“蛙”打开，将零钱镍币分给围观的小孩后，新娘的爹出来敬酒，让轿夫喝够吃饱，好抬新娘过门。70岁的温州市畲族谚语传承人雷君土谈了他当行郎的经历。

我是泰顺竹里畲族乡竹里村人，小学毕业，于1965年到1969年在竹里教了5年书，当过1年的校长。唱畲歌，是我们家的祖传技能。我家从景宁县包凤村迁来，到我这一代是祖传第三代，会唱歌，做行郎，爸爸用花轿抬新娘，抬了38个新娘。我八九岁时开始唱歌，到15岁时就能唱一夜歌，主要唱畲族对歌、情歌、高皇歌、哀歌等。我们村只要有红白喜事，都少不了要我去唱歌，有客人来时我也跟他们对歌。我们以歌对话，以歌会友，以歌传情。对歌的特点是不论男女老少，人人都以唱赢对方为自豪。

到现在为止，我只做了两回行郎。行郎负责打扮新娘轿，在娶亲前一天黄昏把新娘轿抬到嫁方，参加嫁方当晚嫁女酒宴，晚宴后通宵与嫁方女歌手对歌至新娘动身。现在有的新娘不用轿，行郎对歌后帮助抬嫁妆回娶方。20世纪60年代，竹里村男孩到黄坑乡周畲村做女婿，我代表男方到女方家唱歌，大概从晚饭后7点多对唱到第二天早上3点多。男方有6个人去，我是主唱，其他人不会唱。对方女方歌手有五六个，她们唱歌不太厉害，唱不过我们，唱到凌晨3点钟就没歌了，唱不下去了，就跑了，我们自己唱自己听一直到天亮。

20世纪90年代，竹里乡和庄姑娘嫁到夏田畲村，我当行郎。新郎家担心有人唱歌，叫我去。结果女方家害怕了就没有人来对歌。夏田村没人会唱歌，歌也消失了。我们是小时候学的歌还会唱，后来年轻人都不学了，就不会唱了。现在很多人都不学畲歌，没人会唱了，也就不需要行郎了。

由于我爱唱歌，因此爱收集、整理畲族歌本。我于20世纪80年代开始收集畲歌，我把歌本收集起来放好。民间都是每人唱一首，我就把每人唱的歌收集起来，把一盘散沙集合起来以后好学歌。我在收集畲歌的过程中，大家都非常支持我，家里只要有歌本都会拿出来。我已经整理出版了两本歌本，一本是《泰顺畲族民歌集》，里面共有1800首畲歌，一般都是情歌、对歌。另一本是《中华畲族史歌》，一共500首，内容是畲族历史歌、清朝十皇帝、情歌等。我现在是畲族文化传承人，我更加有义务收集、整理歌本。现在畲歌基本上没了，如果要说有的话，也就只有一点点，不多。我要把它们整理出来，只有整理出歌本，才方便教学畲歌。我把歌本分发给每位学歌的人，给他们当作学歌的教材用，好让大家都来学唱畲歌，把畲歌一代一代地传下去。

我感到高兴的是现在很多山哈人来学畲歌，我也乐于教大家。我们有山哈学堂，面积50多平方米，专门教学畲歌。我们这里有20—30人学歌，年龄10—60岁的都有，我免费教，免费给歌本，大家学歌的热情高，小孩喜欢学唱歌。20世纪90年代没人唱畲歌，到了2006年，泰顺第一届畲族“三月三”活动在竹里乡举办，“三月三”活动中就有畲歌对唱，当时会唱畲歌的人很少，会唱的人中歌也不多。从那以后，大家都觉得有必要开始重视畲歌。现在更是，上到国家下到乡政府，都高度重视民族文化的保护和传承，我们畲族人也逐渐地意识到，作为畲族人，必须要传承畲族文化。畲歌作为展示畲族文化的一个重要标志，要保护起来，必须要从自己开始学，同时也可以以此作为经济发展的一个亮点来吸引外面的人来投资。也正是由于这样，现在很多人又有了学歌的热情和兴趣，我呢，也乐于教大家学唱歌。过去在山上都唱山歌，现在提供资金给大家学，每个畲族人都要学。

我自己也创作歌曲。我创作了200多首歌曲，有歌唱共产党、十八大的，还有五水共治的歌。我积极响应五水共治的号召，创作了《五水共治歌》，以畲歌的形式“宣唱”五水共治的好政策。“治污水，要抓纲，水库温州大水缸；防洪水，要严防，大雨未来防山崩……”我把这首歌教给我们的畲歌队，让更多群众参与到五水共治的活动中来，努力实现全乡河面清、水质优、环境美。

泰顺行郎雷君土

质朴的情感

美丽的神话

4. 夫妻关系

家庭是社会的细胞，是社会生活最基本的单位。在众多的家庭关系中，夫妻关系是最基础，也是最重要的内容。正如东汉班昭所言，“夫妇之道”是“天地之弘义，人伦之大节也”。所以对于夫妻关系“不可不重也”。[1]在我国古代社会，妇女在婚姻家庭中要遵循夫为妻纲原则，夫妻处于不平等的地位，夫尊妻卑，妇女在婚姻家庭中的地位卑微，不仅要遵从三从四德，而且还要从一而终，根本不享有离婚权。与此相比，畲族夫妻关系却截然相反，妇女在婚姻家庭中处于较高的地位。在家庭中，妇女同男子一样管理家庭事务。畲族妇女不仅是家庭主妇，而且也直接参与到家中大小事务的商议和决定中。有的畲乡妇女还是一家之主，特别是大家庭中的老年妇女，家中的一切事务由她说了算。如遇到纠纷斗殴，只要妇女出面制止，干戈通常就会立即平息。

畲族妇女享有继承产业的权利。有兄弟的女子留家招婿，兄弟姐妹平等分享家庭财产。过房到叔伯家或其他人家的女子，享有继承权，他人不得干涉。妇女失偶有招夫入赘自主权，先夫父母兄弟无权干涉，而且继承先夫的家庭财产。倘若丈夫死亡，女子可继承或处理男方的财产。寡妇再嫁不受歧视。畲俗允许妇女丧夫再嫁，不受任何干涉。寡妇既可以招夫养子，也可以改嫁，但寡妇不能同小叔结婚。畲族人认为，“父不在长兄为父，娘不在长嫂为娘”。

畲族实行一夫一妻的婚姻制度。婚姻的形式，不但有女嫁男，而且也有男嫁女。男嫁女的礼节与女嫁男基本相同。在婚嫁仪式中，盛行新郎下跪，新娘不跪。在婚嫁中，新娘抵男家后，要举行隆重的拜堂仪式。新娘花轿至大厅前，新郎和亲宾先藏匿起来，庭无一人，新娘必先詈之曰：“汝家绝人种耶！”此时众出而应曰：“正赖汝来接人种耳。”打趣完毕，厅堂上铺上三五条红布袋，让新娘踩着红布袋入大厅，新娘往前走，老妪在后面收红布袋，再铺在新娘的前面，让她继续踩着走，名之曰“传袋”。“袋”与“代”同音，寄托着新娘来传宗接代的心愿。拜堂开始，司仪用秤杆钩掉新娘红布盖头，取“称心如意”之意。新郎先拜天地，后向祖宗牌位行三跪九叩礼；新娘伫立在旁，并用花手绢半遮其面。新娘为何不跪？传说畲族新娘乃高辛帝公主化身，因位尊只行作揖礼。拜堂后，新娘新郎在一片喧闹声中双双进入洞房。婚后若男方对女方稍有怠慢，便以“打生利亲”来显示女家的威

[1]（东汉）班昭：《女诫·夫妇第二》。

严。畲歌曰："欠债不欠粮，打人不打娘。"

畲族妇女之所以在婚姻家庭中的地位较高，归功于其在生产、生活中的重要作用。畲族妇女历来与男子一起参加生产劳动，她们白天与男子共同劳动，争挑重担。回家后煮饭、烧菜、挑水、养鸡、喂猪，干脆利索。孕妇同样参加体力劳动，有的一直干到临产。分娩后，绝大多数妇女在孩子满月后就参加劳动。家中无人带小孩，妇女就背着小孩上山砍柴，下田干活。勤劳淳朴的畲族妇女不仅是生产劳动的能手，而且是刺绣、编织、剪纸的巧匠，有的还善于经商，有的甚至还是制茶的能手。1915 年，送去参加巴拿马万国博览会并获得一等证书及金质奖章的惠明茶叶，就是雷承女制作的。可见，畲族妇女靠劳动获得了经济上的自主权，从而决定其在婚姻家庭中拥有较高的社会地位，而这又决定了夫妻关系平等，互敬互爱，夫妻生活融洽、和睦。

雷明昌和蓝贤花的夫妻关系可谓是畲族夫妻地位平等、互敬互爱的代表，他们的大儿子雷余庆给我们讲述了父母的生活逸事。

雷明昌，1926 年出生，云和县山脚村人。结发妻子蓝梅花，娘家在云和县安溪畲族乡下武村。有一次，梅花独自一人，走路回娘家探亲，在山路上遇到了坏人，受到了过度惊吓，回来后到处求医问药，都没治好，不久就去世了。

后来，雷明昌经熟人介绍认识了第二任妻子蓝贤花，比他大三岁。她原来是安溪畲族乡山寮人，嫁给杉坑岭的一个大户人家做媳妇，前夫因生病救治无效而死亡。经熟人介绍，双方见了面，互有好感。明昌说了自己家里的情况，家里没有土地，依靠租种地主的土地为生，每年要交租金，年成好的时候，交完租金还有较多的剩余，能够维持生活；遇到年成不好，租金交完后就剩下很少的谷物，还得靠挖野菜等来充饥，一家人住在低矮的房子里。贤花没有嫌弃他贫穷的家庭，跟他结了婚。蓝贤花结婚的时候，杉坑岭婆家把她当女儿一样出嫁，办了酒席，婚礼很隆重。1948 年，夫妇生下了第一个儿子。儿子的出生，给这个贫穷的家庭带来了欢喜和希望。

1950 年工作队进村，开展土地改革，家里被评为贫农，并分到了田地。就在这个时候，明昌妈妈去世了。明昌爸爸从景宁又娶了一位比较年轻的继母，跟明昌合不来，明昌跟他们分了家。由于当时家里比较穷，分家时只分到三斤米、一间厨房和一间卧室，田地是按人口平均分配。看着米缸里的三斤米，只够家里四个人吃三天，三天后，吃什么？明昌为今后自己该如何维持家庭生活而忧愁。明昌到处打听，希望能找点事情做，赚点口粮，维持生活。刚巧村里办的学校要

夫妻双双把家还

找人来教书，明昌因上过几年学，有点文化，是村里粗识文化的为数不多的人之一，因此他在村里当了老师。那时，村里组建了农会，每户人家都要上交农会一定的粮食，农会再分发给明昌一点粮食作为教书的报酬，这样子，依靠教书的口粮，家里生活才勉强维持下来。从那时起，明昌走上了教书的生涯。

后来离家不远处的古坊农会办了一座小学，明昌就去那里教书。他是古坊小学创办后最早教书的三位老师之一。在那儿教了几年后，明昌调到县上当老师。他先后还在黄水碓小学、黄家地小学、苏坑小学教过书，一共教了30年的书，其中，在苏坑小学就教了23年的书，直至1981年病退在家。苏坑村的一户家庭祖孙三代都是他的学生，其中祖父是他在古坊小学教书时的学生，儿子、孙女都在村小读过书。苏坑小学是个畲族的村小，由于小学离县城远，又偏僻，要坐一个多小时的车，再走20多分钟的山路才到学校。先前的老师教了一两年后，想办法调到了离县城近点的学校。他来到这个学校后，因为离家远，于是自带锅碗瓢盆，住进了学校，周末才回家。学校学生有30多人，都是邻近畲村的小孩，一年级到五年级的学生都有，老师只有一人。他是全科老师，主课语文、数学都要教，此外还要教音乐、美术等副课。每个年级都教，一人要教五个年级，事先要备五个年级的课，当天又要上五个年级的课，还要批改很多作业，辛苦是可想而知的。他一心都扑在教学上，家根本顾不上。

县教育局想主动把他调到近一点的学校教书，苏坑村民知道后，都不同意，纷纷到教育局反映情况。说难得有这么一个好老师，普通话、畲语都会教，人又好，教书认真负责，深受学生喜爱。村里畲民文化水平低，无论什么事情，都找明昌帮忙。明昌是个热心肠的人，只要有事找上门，都尽心尽力地帮忙，因此深受村民的爱戴。

明昌在外教书，家里的农活全由妻子贤花独自承担。白天，她下地干活，上山砍柴。农闲时，洗衣，喂猪，纺线，织布，编织彩带，还要带小孩，伺候老人。常年忙里忙外，操持家务，默默地支持丈夫的工作，不怕苦不怕累，没有任何怨言。只有在放假的时候，丈夫才会帮一点忙。

1958年，兴起大办人民公社运动。生产资料和社员的自留地、山林、果园一律归公社所有，生产集体化，人们以大队为单位，办起了公共食堂。后来又遭遇了自然灾害，闹饥荒，日子十分艰难，好在都挺了过来。之后，大家在生产队里干活，挣工分。贤花是个女的，挣的工分少，分来的粮食根本不够吃。起先有明昌微薄的教书工资，再加上贤花省吃俭用，精打细算，日子还马马虎虎过得去。后来，贤花又生了一个女儿、两个儿子，这些孩子还小，明昌在外教书，光靠贤

畲族主夫

花一个人的工分实在是太少了，家里生计十分艰难。当时 13 岁的大儿子正在去往云和读初中的路上，明昌骑车赶上了他，硬是把他叫了回来，要他回家种田，挣工分。

1968 年，家里盖了一栋房子，有五间房。贤花给大儿子娶了一个贤惠的妻子，后来又给二女儿招了一个上门女婿。儿子生下了孙子，儿子、儿媳在外干农活，贤花在家干家务活，烧菜做饭，洗衣，喂猪，喂鸡，又要带孙子。有了孙女后，经常是一个背，一个抱，要等其中一个睡着后，她再背着另一小孩干家务。一大家子的饭菜和衣服，还喂养两三头猪，家务重担都落在她的身上。贤花很会做菜，她最擅长的是炖鸡杂汤。家里只要杀了一只鸡，她先把鸡的所有内脏洗干净，切好，和黄酒一起放在一个大碗里面炖半个小时，然后在吃饭前分给每人一小碗，这种汤能给身体补充营养。1980 年，家里又造了一座五间的新房子，第二个儿子娶了媳妇，小儿子刚从浙江少数民族师范学校毕业，被分配到较远的小学教书。1981 年，农村实行了以家庭为单位的联产承包责任制后，家里分到了田地、山地。

1982 年，家里进行了分家，每个孩子分到两间房，田地、山地按人口平均分配，夫妻俩跟最小的儿子一起生活。明昌退休在家，由于小儿子还未成家，夫妻俩在家种地，又喂养了两头猪，在自留山上种植了 30 多棵松树，种上板栗、李子等，还开荒出一块地，种植南瓜、青豆等时令蔬菜。夫妻俩干活十分默契，明昌掘地，挖了一个洞，贤花就种上果树；明昌刨土，贤花就种上蔬菜的秧苗；明昌挑水，贤花就浇水；明昌松土，贤花就施肥。为了种好地，明昌订阅了一份科技报。每天只要邮局的邮递员把报纸和村里的信件送到家，贤花就会很热心地招呼邮递员，请他喝茶，明昌会及时亲自把村里的信件送到收信人手中。

1999 年的一天，贤花忙着洗衣服，忽然间感到头晕，跌倒在地，家人发现后及时送往医院，但尚未到医院就不行了。原来她患有心肌梗死，但是大家事先都不知道。她去世后，明昌写了一封信，外面裱了一个框，挂在墙上，以表思念之情。

忆佳偶心

你走了，我心想我心是不会平静的，也忘不了你的。

你在生前我俩思想感情是深刻融洽的，是恩爱好伴侣，是相依为命的，也无半点私心杂念，做事有商有量，和和气气的。对人对事两相宽容客气，毫无怨言。两人成家后，家境清贫，生活困苦，想的是怎样去成家立业，诚心诚意，风雨同舟，百折不挠，像是同壕战友迎战贫困，想过着美好幸福的好日子，孩子出生后，要抚养教育好，这些都是我俩的终身事业和愿望，想这些事业和愿望终于实现了。我俩那时都是白手起家，在祖国解放五十来年，通过二十几年改革开放，我俩和全国各族人民一样，生活如芝麻节节开花，一天比一天好，跟新中国成立前相比真是隔天远地，就像两个世界。教育孩子总算有方，上下三代从事教育工作，他们在工作上是大有作为的，我想：自家可称园丁之家。

现在家庭富裕、生活美满幸福，如果我俩都活在一起是多么好呀！

你既然走了，安心吧！我在有生之年还要发挥自己的作用，多为大家做好事，能做到的就要尽力去做，要想办法做好做妥，不可三心二意，要全心全意为人民服务。

正当夕阳照耀西山的时候，未下山之前要想法充实自己的生活。养好身体，谋求人生的乐趣，要轻轻松松安度晚年。

愿你走后安息吧！

写于 1999 年 11 月

妻子走后十年，明昌还继续发挥余热，做了很多事情，如帮助政府开展第五次人口普查等。他还想为大家做更多的事情，但因为年老体弱而力不从心，只得安度晚年。

岁月如歌

IV

伦理是文明的产物 又是文明的工具

《易经·系辞》：『形而上者谓之道，形而下者谓之器。』器以载道、道器相生，道与器之间是相互印证、互为因果的。畲族村寨和建筑是由其自然环境、相关的营建场所和建筑材料所决定的，这是他们生存与生活的基本器物状态；而畲民在生活中种种功能需要的满足与价值绵延，形成其不断丰富的精神生活，呈现为风俗习惯、语言、艺术、信仰等，则是器物的精神性延伸。

让我轻声告诉你

1. 流淌的文明：畲语应用

畲族是个有语言无文字的民族，畲族内部交际的时候，使用本民族通行的语言，即畲语。畲语有两种，一种属苗瑶语族，由居住在广东增城、博罗、海丰、惠东4县共1200多名自称“活聂”的畲族人使用，这种语言接近于瑶族布努语炯奈话。另一种为现代畲语，由除了广东4县之外，其余居住在闽、浙、赣、皖等及粤东凤凰山地区占全国畲族总人口99%以上的畲族人使用。我们这里所讲的畲语主要指后一种，即现代畲语。千百年来，畲族人民内部的生产、生活和民族文化等都是通过畲语口口相传的方式进行交流传承、繁荣与发展。畲语拉近了畲族同胞间的区域距离，增进了民族内部的认同感和亲切感，成为民族情感连接的纽带和民族团结发展的基础。

现代畲语具有自己的特点，包括内部特点和外部特点。从内部特点来看，从历时角度来说，现代畲语是多层面的语言成分的结合体，它是由隋唐时期古代畲语的底层成分、宋元时期汉语客家方言的中层成分和明清至现在的畲族居住地汉语方言的表层成分结合而成的。这种“结合体”的每一个层面又是由若干个不同层次的语言成分融合而成的。作为第一层面的“底层”是由原聚居在闽、粤、赣交界地区的古越人后裔使用的古壮侗语和从湖南迁入的“武陵蛮”使用的古苗瑶语融合而成的，古壮侗语成分为该层面的第一层次，古苗瑶语成分为第二层次；作为第二层面的“中层”是由客家先民使用的中原汉语融入古代畲语成分后形成的汉语客家方言成分构成的；作为第三层面的“表层”是由现畲族居住地各汉语方言成分构成的，这一层面又有早期融入的和后期融入的两个层次。

从共时角度说，现代畲语是一种多来源的语言成分的混合体。它至少包含了壮侗语族语言、苗瑶语族语言、汉语客家方言和现畲族居住地汉语方言4个部分的语言成分。其中现畲族居住地汉语方言又有汉语闽方言的闽东话、闽南话、闽北话和汉语赣方言、吴方言以及广东丰顺客家话等。由此可见现代畲语“有点像考古学上所说的文化堆积层，是由不同历史时期一层一层地堆积起来的，又像一座历史博物馆，里面陈列了各个历史时期留下的各种语言成分的‘文物’，它绝非一个时代的产物”[1]。因此，现代畲语不属于汉语客家方言。

[1] 马学良、戴庆厦：《论“语言民族学”》，《民族研究》1981年第1期。

从外部特点来看，畲汉文化互动对畲语带来了一定的影响。大批畲民迁入闽东、浙南等地后，在各畲族新的居住地里，畲汉文化产生了互动。由于各地畲族在人口、经济、文化等方面与当地汉族相比，都处于明显的劣势。畲汉文化互动，从畲族迁入新居住地到现在都主要表现为汉文化对畲文化的影响，畲汉语言的互动主要体现为居住地汉语方言对畲语的影响。这种影响主要表现在：其一，它使一部分畲民迁入新居住地后，逐渐放弃了母语而使用当地汉语方言。如一部分畲民迁到汉语客家方言区和汉语赣方言区后，逐渐放弃了母语，而使用当地汉语客家方言和汉语赣方言，这主要是广东、江西的部分畲民。其二，它使畲族在传承了本民族语言的同时学会了当地汉族方言。畲族从迁出闽、粤、赣交界地区到现在大约六七百年的时间里，由于迁入新的居住地后，多是散居在汉族的村落，所以聚居点不多且规模小。数百年来，在畲汉文化悬殊的情况下，在广阔、庞大的汉语方言的包围圈内，畲族依靠本族内部的凝聚力，保持了一代接一代的畲语的传承。现代畲语一直作为各地畲族内部交际的工具。现在全国使用现代畲语的畲族有 40 多万人，约占全国畲族人口总数的 2/3。此外，畲族在与汉族的交往中，学习了当地的汉语方言。现在各地畲族都会讲当地汉语方言。为适应社会的向前发展和畲族经济、文化进一步发展的需要，为适应我国现代化的需要，畲族学习并积极推广普通话，在与外族交往时，使用居住地的汉族方言和汉语普通话。

根据各地畲语方言的语音、词汇、语法的地域性特点，结合各地畲族的历史和社会背景，现代畲语可划分为 9 个方言区域，即闽东区、闽北区、闽中区、闽南区、浙南区、浙中区、浙北区、粤东区和赣东区。总的来说，全国各地畲语方言共性多于个性，可以说是大同小异。其中各地畲语方言的古代畲语成分基本一致；近代畲语中各地畲语方言的客家话成分大部分一致，小部分不一致；现畲族居住地各地汉语方言成分基本上不一致。[1]

随着现代经济、交通、文化教育、科学技术的发展以及现代通讯、传媒的普及，受畲汉通婚、人口流动增加等因素的影响，越来越多的畲民融入现代生活，古老的畲语开始变音、变声，掌握这门语言的畲民人数逐渐减少，畲族语言的传承与发展面临着严峻的考验。据调查，在闽东，目前能较好地掌握畲语并流利地进行交流的人不到闽东畲族人口的 36%，从界定濒危语言的各项指标来看，畲语的使用功能已经处于濒临危机的状态，而且随着社会

[1] 游文良：《畲族语言》，福建人民出版社 2002 年版，第 2—36 页。

变革速度的加快，畲语使用功能衰退的趋势将越发明显。[1] 另据调查，仅景宁畲族自治县就有近 80% 的畲族后代不会讲“山哈话”，拯救畲族语言已经迫在眉睫。为此，景宁畲族自治县开始实施“畲族语言应用与保护工程”，全方位多层次开展畲语应用和保护工作。一是成立了畲族文化研究中心，编写了《畲族语言简本》，把畲族语言用文字的形式表达出来，该文本共收录了 2300 多个畲族常用语言词组、词汇、短语条目，采取畲族语句书写在前，注上畲语读音的汉语拼音，并按“辈分称呼”“日常对话”等 49 种用语分类进行编写。这不仅标志着千百年仅靠口口相传的畲族语言有了自己的首部“词典”和“语言教科书”，而且还为畲语的保护传承奠定了基础、提供了载体。二是在景宁县城各中小学开设了畲语教育课，使畲族学生能讲畲语，非畲族学生能听懂畲语。三是由县文化馆组织开展畲语、畲歌的培训工作，让使用畲语交流和用畲语唱歌成为一种时尚。四是在当地电视台已开通《畲语新闻》栏目的基础上，创建用畲族语言交流的平台，如各办事窗口要有工作人员能用畲语与畲族群众进行交流，在各类文艺表演中加入畲语节目，各旅游景点用畲汉两种语言进行解说加深游客的印象等。五是把畲语的研究融入畲族整体研究中，将口头流传的山歌和民间故事整理汇编成《畲族民歌集》《畲族民间故事集》等书籍，并加注畲语的音译和注解。[2]

《畲语古韵——景宁畲族语言简本》的主编蓝德正介绍了这本书的编撰情况。

《畲语古韵》开始编撰时，我认为最好的办法就是让有一定文化基础的人（比如说小学一二年级的文化水平）能够读懂。可以尝试用汉语拼音为畲语注音，如果能够覆盖的话那么这个问题就能够解决了。但是后来相关人员在检索的过程中发现，为畲语注音的主要困难在于：第一，声母的问题，拼音注音要声母；第二，韵母不够用，要增加韵母，不然有些音就读不出来；第三，声调的问题，畲语有八个声调。这样一来编撰工作就比较困难，刚开始有一个编撰班子，到后来只剩下我一个人在做。大概做了两年多吧，最后畲语注音完成后，基本上我是按照汉语拼音把畲语检索和过滤了一遍，增加了 5 个声母，方言里面也可以用得到，声母就大概够用了，这 5 个声母都是自创的，在书里也有解释，用英语的拼读方法

[1] 赵峰：《畲族母语使用现状探析》，《皖西学院学报》2009 年第 4 期。

[2] 叶秀华、刘红：《景宁斥资百万实施“畲族语言应用与保护工程”》，《丽水日报》2007 年 8 月 31 日，第 1 版。

也可以拼读，我把它们叫作复合声母，区别的办法就是在新增加的声母下面加一条横线。声母问题解决了以后，我把所有畲语的音节也重新过滤了一遍，最后增加了 10 个韵母，这样才够用。声调上增加了 3 个声调：中平声、高平声、变声。变声虽然用得不是很多，但是也必须要有，比较特殊，我们叫作变声调。汉语拼音里面有 4 个声调，加上轻声就有 5 个声调，畲族在此基础上加上 3 个声调那么就有 8 个声调。在具体的拼写拼读方面是完全按照汉语拼音规则来的，这样子做下来，我还做了一些整理，把单词、两字词、三字词，还有短语、短句、歌词、短文一步步地整理出来，然后再从语法上加以整理，有名词、代词、介词、助词在词列上也把它罗列出来。再有就是畲语中带有很多古汉语的成分和一些特别的句式都要罗列出来，目的就是要让大家了解畲语的基本内容和基本规则，让大家在掌握这个工具的基础上，能够用短文的形式全部注音出来，拼读出来，从而达到电视台播音员的水平要求。

紧接着，既然畲语学习的基本工具搞出来了，那么就要在培训方面做一些工作，还有跟培训有关的标准和考核，最后在此要求下我做出了一套畲语考级标准，目前已经上交给民宗局，但是还没确定下来。这一系列工作做下来，我们就可以完成比较完整的畲词“词典”了。之后我在此基础上又加上了一些跟谐音有关的内容，这一套书出来之后，印得不多，只有 3000 本，上一次景宁会议，作为纪念品送出了一部分，现在留下的也不多。

尽管我不是搞语言学出身的，但我觉得有义务去做这个畲语学习工具的编撰工作，因为这对畲族文化来说是一个重大的创新。实际上，一直以来我只是感觉自己的拼音基础较好，其实以前我也不会讲畲语。我 11 岁才开始学畲语，后来由于我有一定的拼音基础，于是在学习畲语的过程中就直接用拼音把它注释下来，所以说现在编这个畲语古韵我算是重温以前的东西，上手也比较快，前前后后大概两年多，到现在为止我仍旧在做这方面的一些完善工作。在这本书的实践过程当中，实际上我感觉自己压力很大，不知道这本书到底成功不成功。后来我就把这本书放到一个民族中学去，作为一个校本教程进行实践检验，大概经过了两年的实践，证明是可以的。之后我又把这本书放到职高去，我自己去教了一个学期，学生完全能够接受。我想这本书能在景宁用还不够，还要在其他地区推行，那样才算行。因此我把这本书拿到武义去进行检验，那次反响很好，学生很容易就接受了，表现出来的兴致也很高。过去学畲语一般是你讲一句，他学一句，过后就忘。有了这个工具之后，学习者在学习过后很长时间，再回头翻过来看这本书，马上就能记起来。

这本书出版并且取得了反响之后，有一些单位也要求学习畲语，要请我过去上课，有电力公司等窗口单位。职业高中在实行这种畲语教学之后，也要求我把畲语教学的教材编出来，虽然目前我实在没这个时间，但是我想以后把畲语教材编出来是很有必要的。

尽管畲语在各地方言中是有差异的，但应该还是基本能用的，在以后这套工具的实践过程中可能会有一些问题呈现出来，如果在此基础上加以完善，还是可以通用的。我本人虽然住在景宁，但我是文成人，文成的畲语和这里的畲语口音上有差异，畲语中文成、平阳、泰顺这一块和福建地区的口音是比较接近的，云和、松阳、景宁这一块的畲语又比较接近，我根据这些地区口音的不同，加以实践扩展之后，发现基本上这套方法是可以用的。一些普遍的口音的差异在我这本书的范围内都能够解决。因此，如果以后我自己的身体和精力还行的话，我还打算编一本畲语词典，那么对于畲语来讲，畲语学习的语音语言问题基本上就解决了，工具书都全了，词类也丰富起来了。

2. 歌是山哈传家宝

畲族是一个以善歌著称的少数民族。畲族人民在长期的生产、生活实践中创造出了富有民族特色、内容丰富多彩的山歌，并形成了一种畲族人民之间生产劳动时及闲暇休息以歌为乐、迎宾接客以歌为敬、男女相恋以歌为媒、喜庆吉日以歌为颂、社会交往以歌代言、丧葬祭祀以歌代哭、敬祖神祀以歌为辞的风俗习惯，并代代相传，从而使畲族山歌成为畲族传统文化中的一颗璀璨夺目的明珠，成为我国首批非物质文化遗产中盛开的一朵奇葩，成为研究畲族人民历史生活的“活化石”。

畲族山歌具有独特的艺术魅力，主要表现为：第一，语词朴素。畲族山歌多半是随编随唱，凡是能用畲族语言说出来的就都能编成山歌演唱。唱词都是一些日常口语，朴实生动，其含义既通俗又深刻，易学好记。第二，音韵和谐。山歌基本上是七字一句，四句一首，讲究押韵，要求一、二、四句押韵（起码二、四句押韵），否则就不顺口，无法开唱。这种韵还必须是畲语语音的韵。同时，还要像律诗、绝句那样讲究对仗平仄，在修辞方面多用比兴手法。第三，唱法独特。畲族人民唱山歌，普遍喜爱用假声演唱，唱时用夹有“哩、罗、啊、依、勒”等音的假声唱，声音“嫩”而好听，传得远，唱久了也不累。畲族假声唱法追求恬静、清秀、古朴的特色是其他民族无法比拟的。畲族还擅长“双音”，一般由两人以上演唱，带有轮唱性质，后唱者要从先唱者唱的最后两个字或四个字开始接唱，要与先唱者唱同样的歌词和近似但不完全相同的曲调。“双音”流行于福建省宁德北部的七都、八都、九都等地，是我国山歌演唱中稀有的形式。演唱“双音”不严格规定时间、场合，但必须在唱歌的季节，即农历八月十五起至翌年三月初三止，尤其是正月、三月三、八月十五、九月九等节日，畲家人总是成群结队地走亲访友，以歌当话，还要举行盛大的对歌会。

畲族山歌内容丰富，种类多样。山歌的内容极其广泛，涉及历史、传说、生产、生活、时政、礼仪、祭祀、情义、天体自然等多方面。山歌的种类主要包括儿歌、历史传说歌、情歌、婚俗歌、劳动歌、小说故事歌、时政歌、杂歌、丧俗歌和传师学师歌。其中，儿歌是以童年生活乐趣为主要内容、对儿童进行启蒙教育的山歌。《做饼歌》《放牛歌》《教子歌》教育儿童要热爱生活、热爱劳动。历史传说歌忠实地记载了畲族的来源、迁徙和历史事件，记载了历史长河中的英雄人物及其英勇的业绩。其中流传影响较广的有《高皇歌》《火烧天火烧地》《长毛歌》和《封金山》等。《封金山》表现了畲族人民对理想中的美好天国的向往。《长毛歌》系云和畲族歌手蓝三满根据太平天国翼王石达开率军到云和的事迹所编，歌词控诉了清王朝的腐败和罪恶，歌颂了太平军的英雄事迹及广大畲族人民对他们的支持和响应。情歌是数量最多、流传最广、最普遍的山歌，包括传统歌唱（有手抄本）和即兴而歌两种。情歌借助某种事物来表达青年男女之间的爱恋和真挚的情感。在内容上，有的表达男子对女子的追求和思恋，如《念娘歌》《送娘歌》《采花歌》；有的表达姑娘对男子的思念和挚爱，如《十念少郎》《香袋歌》《想郎管家》；更多的是写男女之间的相互恋念，企盼永结同心、婚姻美满，如《同心歌》《成双歌》《十结姻缘》等。

婚俗歌是在举行婚礼程序中必唱的山歌，从男女定亲、确定婚姻关系到举行婚礼、完婚后转回门时唱的歌，约有1500—2000首。主要由娶方赤郎（厨师兼歌手）、行郎（抬轿者兼歌手）和嫁方女歌手对歌，有《定亲歌》《嫁女歌》《送谢歌》等。劳动歌表现和歌颂畲族人民辛勤劳动，传播生产经验和知识，内容涉及农业、林业、牧业、副业、渔业、商业和家务劳动等。《二十四节

歌之舞之

气歌》告诫人们节气过了不能回，应当按照节气行耕，不违农时，勤耕细作，争取好收成。《种田歌》赞颂了畲族人民“男人犁田女割草，男人插秧女担灰”，男女起早摸黑勤耕细作、共同劳动的传统习惯。小说故事歌是随着元曲、明清小说的发展盛行的，畲族同胞中一些有文化的歌手借助汉族小说、戏曲、故事的情节改编而成的畲族叙事山歌，富有畲族特色。目前尚在广泛流传的小说故事歌有近千种之多。如《山伯英台》不仅把梁祝婚事通过阎王公判的方法安排在“油州”团聚，而且赋予祝英台以叛逆精神，使其拥有普通畲族少妇的那种粗犷而耿直的性格。《白蛇传》《孟姜女》的故事结局及人物性格特点不同于汉族传说，唱词中所刻画的人物性格，都具有明显的畲族妇女的民族特色。

时政歌是反映畲族人民对某种政治事变、政策措施及人物的认识、态度和行动的山歌，包括历史上的时政歌、民主革命时期的山歌和社会主义建设的新山歌。历史上的时政歌，是畲族人民感于时政而自觉发出的心声，是鞭笞社会时弊与社会不良风气的有力武器。如《打酒员》叙唱 1915 年景宁畲族人民痛打税员、捣毁烟酒稽征局的抗捐抗税斗争，并发展到攻打景宁县城的事迹，显示了人民群众的力量和斗争性。民主革命时期的山歌如《解放歌》《送红军》等，真实地反映了在土地革命、抗日战争、解放战争中，畲族人民在共产党的领导下抗击国民党反动政府和外敌侵略的英雄事迹。新山歌是新中国成立后歌颂共产党，歌颂社会主义制度，歌唱翻身得解放的新歌，如《千家万曲献给党》《畲歌万首颂党恩》等。它们充分反映了畲族人民做主人的心声，字里行间充满着翻身人民的自豪、幸福、欢乐以及保卫祖国、建设祖国的责任感。

杂歌大多随编随唱，量多而广，少有固定文本。凡天文地理、人事万物，无不入歌。如风物、识理、传知、嬉笑、吹牛夸张、讽刺、猜谜、斗智、争高手都可入歌，趣味性浓，吸引力强。如《字歌》《字义歌》以唱字义为手段，引出无限的情感和广博的自然、地理、历史知识。丧俗歌是在畲族丧礼中唱的歌。有老人死后做功德时唱的功德歌，还有亲人唱的诸如《献亡魂》《守孝》《行孝》等这些缅怀祖宗、悼念死者生前乐善为人、祈祷死者安息、对死者的尊敬和忏悔等内容的山歌。此外，还有传师学师仪式中所唱的山歌。[1]

畲族山歌是自我表现、自我教育、自我欣赏、自我娱乐的文化工具，具有多方面的功能。其一，娱乐功能。山歌演唱的目的并不是叙事，而是娱乐，

[1] 蓝爱君：《浅谈畲族民歌的内容》，《丽水学院学报》2005 年第 6 期。

人们通过山歌演唱最直接的目的是获得精神上的放松。畲族民间对歌成了一种民间狂欢的娱乐，特别是像迎亲对唱这样的场合，双方的对歌既包含着智力和情商的比拼，同时又有感情的交流和互动，在欢快中不乏紧张，在竞争中不乏亲切，使整个仪式的场合充满了狂欢的气氛。

其二，传承文化知识功能。畲族没有文字，以前就连受教育的机会都被剥夺了，多通过传唱山歌来传承本民族的历史文化，了解自然、社会等知识。《高皇歌》是一首反映畲族的起源、迁徙、婚姻、经济生活等方面内容的最悠久的长篇叙事歌，各地畲民通过代代相传、广为传唱祖歌的方式来传递畲族历史文化。在《高皇歌》中，畲族的祖先是征番立功的大功臣，是高辛帝的驸马，他娶三公主为妻，生三男一女，便有了盘、蓝、雷、钟这四个姓氏，以后不断繁衍就形成了畲族。歌中着重描绘了祖先的英勇，后人对畲族族群的自我认同也在这种对祖先的自豪感中油然而生。畲族祖宗的发祥地是广东潮州凤凰山，后遭受封建压迫和剥削而被迫从广东迁徙到福建再到浙江。采用这种口耳相传的歌教形式向后辈述说祖先的故事，增加了他们的历史知识，使这些没受过学校教育的畲族儿女能够了解本民族的来源；把祖先的英勇和凤凰山发祥地镌刻在了无数畲族儿女心中，增强了他们的自我认同感和民族凝聚力；传给子孙本民族的大体迁徙路线，使子孙后代不忘本，进而延续本民族的历史。《高皇歌》的传唱，使畲族子孙追怀祖先的英雄事迹，追忆先辈艰难的迁徙斗争岁月，激起其内心深处的民族自豪感。不仅如此，畲族还通过传唱劳动歌的方式来传播生产劳动经验和技术，把自己在长期的山区生产劳动实践过程中形成的一些独特的生产技术和经验通过口耳相传，手把手相教而流传至今。可见，畲族人民通过传唱山歌来学习历史、文化、生产、生活等各种知识。

其三，伦理道德教育功能。《高皇歌》集中体现了畲族道德重群体的价值取向，体现出畲族道德教育的民族性。团结互助是《高皇歌》首要倡导教育的内容。歌中记载："盘蓝雷钟一路人，莫来相争欺祖亲；出朝祖歌唱过了，子孙万代记在心。""盘蓝雷钟一路郎，亲热和气何思量；高辛皇歌传世宝，万古留传子孙唱。"正是由于注重团结互助精神的教育，使得畲族子孙虽几经迁徙，分居各处，生活艰难，但仍然是万世同宗的血脉，族人之间依然相亲相爱，和睦相处，亲密如一家人。勤劳俭朴，是《高皇歌》注重教育的又一重要内容。歌中记载高辛帝将装有金银财宝的六个仓库的金钥匙交给畲族始祖挑选，而畲族始祖却要了铁器，这反映了畲族始祖不爱钱财、生活俭朴、勤于劳作的品质，同时也教育子孙要像始祖一样拥有勤劳俭朴的品质。同时，畲族通过山歌，更多的是告诉畲民“应该怎样”，直接起着道德教育作用。如《劝郎要正经》就提出了本民族子孙要遵守的伦理规范，如劝郎勤力做田园，要正经；风流二字郎莫做，会害人。歌教这种特殊的传统教育手段，向子孙传播了伦理道德的知识，对畲民良好道德规范的形成起到示范的作用。

畲族山歌的传承方式多样，主要有三种。一是家庭传承。唱山歌不仅是畲族男女老少最喜欢的文化娱乐活动，而且也是畲族人民生活中不可或缺的重要内容。畲族人民生活的每个环节，诸如婚丧嫁娶、生老病死、喜怒哀乐，都离不开山歌，不会唱山歌在畲族生活中几乎寸步难行，正所谓“肚中歌饱人相敬，肚中无歌难出门”。同时，畲族常常把会不会唱山歌看作是否有才华的标志，这也就形成了畲族家家重视山歌、人人学唱山歌的局面。因此畲族人民从孩提时代起就要向父母兄姐学习唱歌，随父母亲人参加各种歌会，教歌也就成了畲族家庭的一项义务。千百年来，畲族家庭成员之间的口传心授、耳濡目染为畲族山歌的学习创作提供了良好的氛围和极为有效的途径，畲族山歌也因此代代相传。

二是歌手传承。歌手，特别是优秀的歌手，在畲族山歌传承过程中起着非常重要的作用。优秀的歌手不仅能唱成千上万首畲歌，更重要的是他们能够根据各种素材创作山歌，极大地丰富和发展了畲族山歌。畲族小说歌的产生和发展跟畲族优秀的歌手是分不开的。清朝晚期，白露坑一带的歌手率先把汉族的章回小说和评话唱本改编成畲族歌谣唱本，使白露坑成为畲族小说歌的发祥地。在此过程中，出现了一些改编小说歌的名人，最有名的是畲族歌王钟学吉，他幼年入私塾，念了5年书，又接受了某些汉文化，他改编的小说歌如《诸葛亮》《唐伯虎》等，无论是数量还是质量，明显超过其先辈和同辈歌手，他为汉文化在畲族中的传播做出了杰出的贡献。同时，优秀歌手作为老师能够培养出更多的歌手。光绪年间钟学吉在家乡开馆授学，他结合教学，编写大量歌谣，在学馆内外广为流传；各地歌手慕名而来，学唱传抄，广泛流传，以至于民间有了“有山哈人的所在，就有钟学吉的歌”之说。畲族山歌就是这样伴随着一代代歌手、歌王的出现而经久不衰。

三是歌场传承。歌场就是唱山歌的场所。畲族的歌场与其歌唱习俗密切相连。畲族唱歌的习俗主要有拦路对歌、来客对歌、歌会对歌、婚嫁对歌和平时对歌等。每种对歌习俗都会形成规模大小不一的歌场。歌场不仅是畲族男女老少学歌唱歌、交流经验的地方，而且也是培养歌手、提升歌手演唱能

“抢”

畲乡“三月三”

力的地方。因此，歌场对于培养歌手、推动畲族山歌发展发挥了重要的作用。

各地畲族人民在党和政府的重视和帮助下，纷纷举办了各种大型的对歌会，使畲族山歌得到了进一步的发展。福建福安在每年农历四月“分龙节”、六月初一、七月初七、八月十五、九月初九都会举行歌会；自从2000年闽东畲族山歌联谊会在宁德成立之后，到2011年已举办了6届歌会。在广东，河源市东源县漳溪畲族乡每年一度的“蓝大将军招兵式”上也都有畲歌表演。畲族聚居地之间也开展了联谊活动，举办各种盛大的畲歌艺术节。如2008年浙江景宁畲族自治县举办了“中国畲族山歌节”，来自福建、广东、江西、安徽、浙江5省20多个市县的百余名优秀选手带来100多首畲族山歌参赛，反响热烈。更为重要也是影响最大的是各地畲族的“三月三”歌会。畲族“三月三”是一个具有民族传统的节日，是一个集歌会、吃乌饭和踏青欢聚等活动于一体的民族节会，已经被列入国家非物质文化遗产保护名录。三月三，是畲族人民敬天地、祭祖先、纪念民族英雄的日子。每年的三月三，畲族人民都要到山上采来乌饭柴叶子，捣烂取汁，浸泡糯米做成乌饭，用乌饭祭祀祖先和纪念民族英雄，缅怀民族英雄的丰功伟绩。这一天，还要给谷米过生日，教育子孙后代要珍惜谷米，要拥有不畏艰难的勇气和团结互助的精神。三月三，更是畲族传统的歌会。每年的这一天，浙江省内各地的畲族人民身着盛装，结伴成群聚集在一起，组织山歌演唱会，以独特的形式庆祝节日。20世纪80年代，福建省宁德县政府组织举办了全国第一个畲族“三月三”歌舞节，除了对歌外，还将畲族民间舞蹈、畲族打尺拳术搬上了歌台，还配以反映畲族乡村新貌、畲族文化等内容的书法摄影展览活动，改变了单一的传统对唱形式，丰富了“三月三”歌节的内容，多角度多层次地展示畲族优秀传统文化。自此以后，各地纷纷举办“三月三”歌会。福安从1992年至今已连续举办了十九届“福安市‘三月三’畲族民俗节”。金华、丽水两地三县毗邻的四个民族乡镇举办的“柳新桥竹‘三月三’畲族歌会”，从1995年开始到现在已经是第21届。浙江景宁的“三月三”更是成为品牌。“三月三”畲族歌会，对宣传畲乡、弘扬畲族传统文化、展示畲乡民俗风情、加强保护与发掘畲族文化遗产、振奋民族文化精神、增进畲汉人民的友谊、最大限度调动广大干部群众积极性、齐心协力建设和谐社会具有现实推动作用和深远的历史意义，还具有推动精神文明建设等方面的重要价值。在经济方面，通过文化搭台，经济唱戏，带动了畲族地区经济发展。

畲族歌王钟学吉的后代，国家级非物质遗产项目畲族小说歌代表性传承

畲族现代歌王教歌

畲族现代歌王编写的歌本

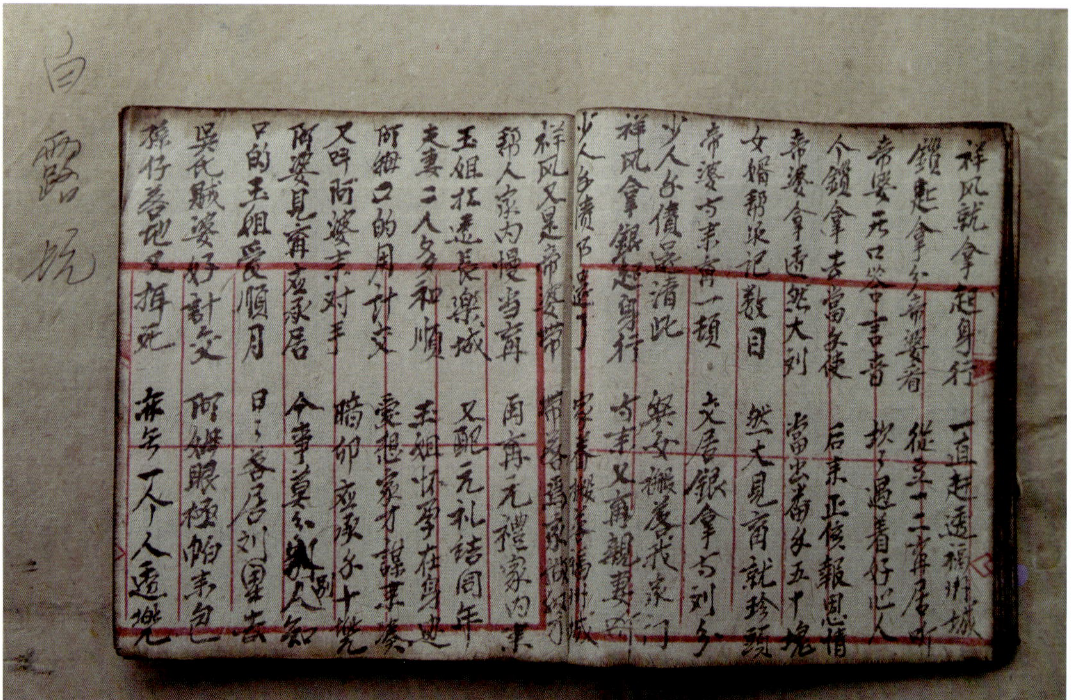

畲族现代歌王创作的山歌

人——第四代歌王钟昌尧讲述了他整理、编写、传承山歌的情况。

我 1932 年出生，1940—1942 年在村念私塾，1943—1948 年在村放牛，1949—1951 年在家务农，1952—1953 年任牛胶岭畲村团支书，1954—1959 年任牛胶岭小公社书记，1961—1965 年任芹头小公社社长，1966 年转国家干部，在溪南镇工作，1979—1981 年任县少数民族招待所所长。

我 11 岁念私塾时，就喜欢畲歌。每当长辈男女唱小说歌时，我都洗耳恭听，有时通宵达旦地唱，我都恭候到结束，那时我已能口头哼唱十几首。到 14 岁时，我为村里歌手抄写歌本，4 年中经我手上抄写的歌本有 30 多本，约 40 多万字。抄歌时，我边抄边唱，事后我又逐字逐句反复唱，基本是随心应唱。此后除在家唱、在田野唱、在讨小海对唱外，我还到福安、宁德等地进行畲歌对唱，学到不少临场应变的对歌技巧。每年分龙节、重阳节我都前往目连寺、溪南小葛洪山对唱，主要以情歌为主，一般一个通宵约 5000 首左右。现在随着非物质文化遗产保护工作的推行，我一年几乎都忙于参与各乡镇畲歌比赛和整理畲族歌本文字刊印出版等工作。

我 1981 年退休，是提前退休。我当时是霞浦少数民族招待所所长，管少数民族住宿。福鼎、宁德、福安等地的人来了都住在这里。这个招待所由于是县民宗局办的，因此凡是会讲畲族话的人来住宿都会便宜点。退下来后我专门整理小说歌，很多人不理解。我自己出钱出差，到处跑，笔用了三大盒，扔了两盒，还剩一盒。我在那里做古董（指歌言），不知写了多少字，都是用作文稿纸整理，整个霞浦等宁德地区都跑遍了，还到了景宁。有次我到盐田乡后门山蓝头村，那户人家歌本最多，我提议拿几本回来抄，他们不肯，只好连夜加班抄写，时值寒冬腊月，我抄到通宵，抄了近万字，抄到连手都硬掉，笔都不能拿了。这个举动打动了他们，他们同意借两本给我回来抄，我抄完后包装好又还给他们。

畲族的宝贝只剩下两个了。畲歌是传家宝，另一个是畲语。我认为歌不能丢，歌灭掉实际上是灭祖宗。歌比其他东西更重要。在历史上很苦的时候，一唱歌心就变得宽阔，因此畲歌是畲族的宝贝，歌丢了就完蛋了，畲族就没什么特色了。我们村里所有人都会讲畲语，畲汉通婚，汉族人也学畲语。不会讲畲语也就不会唱，把歌传下去了也就把畲语发扬光大了。但是，我发现畲歌快要遗失了，不整理不行了。白露坑老人死了，年轻人不懂事，把歌本拿去烧掉了，我担心歌要失传，就把它整理出来。我们老祖宗的宝贝不能遗失掉，若是失传的话，唱歌就唱不起来了。小说歌一个字都不能丢，小说歌的名字、地点也不能丢，丢的话就唱不下去，即使唱了也是假的，就不是原生态，小说歌一定要原生态。

尽管家人对我整理畲歌不理解，说我好苦，拿钱到外面花，又吃力，但是我自己下定决心一定要搞好。我们畲族的东西一定要保存好，不能遗失掉。我自己从小爱唱歌，我散步都在唱歌，唱歌会让人很舒服。我们老祖宗的东西，如果我不搞，其他人也搞不懂，那么畲歌就失传了。我一直都在整理畲歌，我会坚持整理到最后一天。我现在去别人家收集歌本，大家都很支持我。我们去参加歌会，人家见到我都说，多亏你呀，否则就失传了。

我整理了两本书，一本是《霞浦畲族小说歌》，另一本是《闽东畲族歌言卷》，花了我 26 年的时间。我去过景宁两次，一次为了收集歌言，一次为了歌会，都得到景宁人民的热情款待，说福建老乡来了。

我除了组织编写小说传和歌言传外，还编写新歌，收集整理畲歌，如《二十四孝》，我从村里面别人家那里收集过来，然后把它整理成册，因为担心失传。我自己编写了几百首，主要是反映我们新时代内容。如《计划生育好》、《畲歌颂先进性教育》、《颂荣辱》、《茶山情歌》、《陈锋氏》（历史歌言、我们祖宗历史上有 36 人做大官，我把它编成歌）、《杨家溪风景歌》，其中《计划生育好》这首写得比较好。

我还在挖掘“阿噜调”唱腔。畲歌有两种唱腔：一是霞浦调，俗称“平调”；二是“阿噜调”。霞浦调比较顺口，主要头脑要灵，且平常歌不离口，对唱时就能达到静观默察、临场应变、对歌如流的境界。跟霞浦调相比，阿噜调的特点有四：其一，主要是唱小说歌，也有小说歌中分段唱，但要在现场将四句化为五句，句末音以阿噜为歇后语句，目的是将骂人或讽刺句间对开唱，使歌手发觉是在挖苦他、谩骂他。由于天长日久几近失传，能唱者也是凤毛麟角。目前我正在挖掘这一唱腔，经我培训，我村雷远姐（51 岁）已基本掌握技巧，发挥良好。其二，一旦通宵对唱，一方临场必须推敲应答，有时句尾没有押韵，这就要顺口增补，以免听起来不顺耳。其三，唱音要清楚，中高低音发音要准确，不能走调，这要靠平常锻炼，在训练中，我非常强调这一点。其四，对唱时必须用反义词来对比，如女方唱表兄长得漂亮大方、一表人才，男方则唱我没有你漂亮、秀气、贤惠温柔，以此达到诗情绵绵、使听者难以忘怀的境地。

我还忙于指导各乡镇畲歌比赛、培训歌手。2004 年 9 月，九市县在霞浦县杨家溪镇举办九月九畲族歌会，这是一场规模浩大的歌会，为获得好成绩，我受民委之托，精选了 12 名女青年，对她们进行了 4 天培训。近年来我总共培养了畲族歌手 35 人，总耗时 150 天左右。而这些受训者现在都成了后起之秀，我村现年 41 岁的钟灼绨，51 岁的钟理发，50 岁的雷远姐（女）都是能独当一面的名歌手。十几年来，每当七月十五半岭歌会，三月三茶岗、半月里歌会，九月九半月里、溪坪、一贝风景区畲家歌会，以及福鼎、福安等毗邻县来我畲家村举办小型歌会，我都会被邀请去观摩指导。我现在成了闽东畲乡人人皆知、处处皆晓的畲歌传承人，这么说一点也不为过。

此外，我还在小学搞了个“畲族小说歌传习所”，搞了 3 年了。村里有 30 多人来学习。年轻人都在外赚钱不在家，我主要是教小学四年级和五年级的学生，教他们学唱《家训歌》，怎么样做人，怎么样孝敬父母，新歌不教。每周一次，星期五下午一节课，效果很好。让我感到欣慰的是现在村里的中年人大部分会唱歌，只要一召集，就可以对歌。

国家级非物质文化遗产畲族民歌项目传承人雷美凤，来自宁德市蕉城区八都镇的猴墙（盾）村，这是个历史悠久的纯畲村，是畲族民歌活化石“双音”的发源地。她曾代表畲族多次参与国内重大民族音乐活动，其演唱的畲歌《海峡两岸要和平》搭载“神七”遨游太空。雷美凤讲述了自己唱山歌的经历。

我是 8 岁的时候开始唱畲歌，我父母会唱畲歌，一代传一代，我就学会了。自古以来畲歌都是在民间流传，一代代地传承下来。畲民有的时候去田里干活，就唱山歌，日常生活中处处有山歌。比如说我自己，我小时候上山干活，郁闷的时候就唱唱山歌，我还记得我当时会唱“上没人，下没人，唱首山歌来做伴，唱首歌来解解闷”。不管是干活累了，还是采茶累了，我都唱这首歌。别人听见我唱这首歌，都觉得我很乐观。我觉得我们畲族没有文字，都是以歌代言，山歌的歌词很多也是自己作的，学唱山歌的人，要学会那么多山歌，就要求脑子要机灵，看见什么就会唱什么。比如说唱情歌啊，对方唱你漂亮，你就要灵活地创造歌词，唱对方漂亮。以前的人唱畲歌都是以对歌的形式，常常是对歌到天亮，没有歌对就不要出门，现在的人觉得对歌一整夜很累，也有很多只是对到半夜的。

我从小就爱唱歌，16 岁那年我没学多少歌，有一次去福安做客，做客期间女孩子们对歌，我没有对过她们。那时候我心里就下定决心要多唱歌，多学歌，要不然自己歌不多唱不过别人都不敢出门了。回来之后，我整整唱了一个晚上的歌，把小说歌一首首背下来，之后我在各个场合都积极学习，这样下来会的歌也越来越多了。现在回过头来，除了我自己的爱好外，就是我父母也会唱山歌，还有就是参加各种表演和比赛对我的影响。

“畲歌皇后”雷美凤

1986 年，我 16 岁的时候，第一次上舞台演唱畲歌，真的很紧张。那是在乌鲁木齐举办的全国传统体育运动会，体育项目中有跳龙头舞，没有唱畲歌，晚上的时候就要求来自各省各族的代表唱自己本地或者本族的歌曲，我作为代表被要求表演唱畲歌。如果说是跳舞还好，但是唱歌我从来没有在舞台表演过，拿着麦克风，真的非常紧张。经历了第一次在舞台上表演，后来参加各种畲歌表演我就不紧张了，第二年宁德市的歌会我也参加了，还有之后频繁参加各种活动和比赛，都比较成功，也拿了很多奖。2008 年的时候，我表演的畲歌被录下来放到神舟七号飞船上，送上了太空。

我们畲歌比较特殊，有比较难唱的二声部（二重唱），一般畲歌的一段有 28 个字，我们唱到第 25 个字的时候，就要用二声部唱，要使用加拍数，两个人一起唱，各自不能太快，也不能太慢，要配合得好，合唱的搭档有男有女。因为二声部不好唱，所以全国范围内，只有我们蕉城区才有这种唱法，其他地方的阿噜调、罗连调都是没有的。还有因为二声部的难唱，对歌手的要求也非常高，如果音质不好的人，搭档之间一个人声高，一个人音低，就不好了，要音质差不多的人，拍数要协调，这跟配音是一个道理。罗连调和阿噜调歌词比较长，如果不懂得歇息，没配合好的话，就会显得比较乱，而宁德调中间有规律的歇息和停调，唱起来就比较整齐。总的来说，畲歌二声部的唱法，难度比较大，歌手的音质要好，搭档间音质要差不多，唱歌中拍数也要对上。

我现在的搭档是不固定的，有男的，也有女的，还有学生，谁有空谁就去，或者是去哪里表演比赛谁较合适就选择谁。我的搭档这十几二十年下来大部分时间是雷石凤和钟金财，因为双声部歌手演唱技巧要好，他们都会假声，并且知道中间怎么歇息、怎么配合好。在台上时因为还有一些肢体动作的表演，所以唱歌时更要注意合唱的配合。霞浦过来学习双声部的学生，因为双声部难唱，搭档间常常配合不好，唱起来前后不着调，学了两个月就放弃不学了。我们还好，因为长期唱双声部，又有比较好的搭档和学生。

为了让畲歌后继有人，我一直在从事畲歌教学工作。跟我学歌的主要是亭坪小学、八都中学和民族中学的学生，另外还有来自各地学习畲歌的社会人士。星期六的时候，外地来的一些少女少妇，只要她们肯学，我都愿意教。教学地点在文体局文化站，教学时间在每个星期六的上午或者下午。现在的小孩子大多都不会畲歌，上一代会唱的，下一代就不会唱了，畲歌都要失传了，这几年，由于我们跟学校的交流，学畲歌的人渐渐变多了。在畲歌的教学当中，不仅要教学生们唱歌，还要跟他们讲解畲歌歌词的意思，我的想法是，作为畲族非物质文化遗产的传承人，我一定要把民族的优秀文化传下去，不能让畲歌失传。

我们在宁德有一个畲歌教学的公司，叫宁德天顺畲族文化交流有限公司，在那里办了个音乐活动中心，因为畲歌唱的人越来越少了，不通过类似于这样的方式来发扬畲歌，很快就要失传了。还有就是畲舞，畲族的龙杖舞，以前在我们蕉城八都这一带也有，现在都失传了，大概是从 1986 年开始，已经 20 多年没看到了，现在我们把这个公司办起来，把畲舞又重新发扬起来。畲族龙杖舞，也叫龙头舞，其中龙杖就是始祖忠勇王拿的龙杖，这个舞蹈是我们畲族重要的传统文化，我们一定要把这个传下去，不然等我们老了，就没人会跳了。畲舞的传承一定要保持它的原汁原味，尽量不要随意地改编，畲舞的表演是和畲歌表演结合在一起的，边唱歌边跳舞，改掉就不好了，要保持它的原貌。

现在最重要的是要把畲族文化传承下去，弘扬好，这是我们的义务。我从来没有放弃过唱畲歌的事业，我唱了 30 年的畲歌，以前国家没补贴的时候我没有想过放弃，现在政府对这一块支持很大，重视起来了，我就更不会放弃了。文化部门和民宗局来这里调研的时候，我跟他们提过，要让畲歌教学进入课堂，不然光是靠社会教学发展还是很难的，他们听了后也很重视和支持，通过近几年来的交流，民族中小学已经开始讲畲语了，畲歌课堂教学也开始实施了。2010 年我就开始在亭坪小学、民族中学、八都中学教畲歌，寒暑假的时候，利用音乐交流中心和文化站的场地，开设课堂教他们唱畲歌，孩子们表现出了极大的兴趣，都乐意把这一民族文化学好。

畲歌未来的发展，我的想法是尽我的能力做好，去创新一两首畲歌。畲歌中有阿噜调、霞浦调、罗连调、宁德调等，霞浦调意味着凤凰头，宁德调是凤凰身，一般霞浦的歌手唱宁德调是很吃力的，宁德的歌手唱霞浦调也很吃力。我想创作一首歌，能够把各地的调结合起来，把整套凤凰歌给搜集起来。这些需要花费不少钱，包括歌曲的创作、录音和制作碟片的费用，需要政府的重视和支持。

畲歌的发展也需要创新，大概十五六年前我就想过这个问题，把这一文化发扬好，就应该跟着时代的脚步去创新。我感觉目前我们畲族传统文化发扬得还不够，前几年有一个经历让我感触很深，那是去四川参加表演，跟那边的人交流，很多人都不认得我们的服装，不知道我们是什么民族。回来的时候我就想，其他少数民族的歌曲，比如说苗族歌曲，他们弘扬得那么好，为什么我们畲歌不可以，我也经常告诉我的学生，这个歌是我们畲族的传统文化，我们不唱就没有人唱了，我们必须要唱，还要把它宣传开来。

松阳县板桥畲族乡乡长雷叔文介绍了“桥竹柳新”三月三畲族歌会的情况。

三月三是畲族传统的节日。板桥、老竹、柳城、丽新“桥竹柳新”四乡镇是浙江省最大的畲族集聚区。自1994年起，四乡镇轮流举办畲族歌会。到2013年“桥竹柳新”三月三畲族歌会正值20周年，由我们板桥畲族乡党委政府承办。

“桥竹柳新”三月三畲族歌会举办20年来，已经在畲族地区乃至全国都成为一个比较有影响力的三月三歌会，其内涵丰富，意义重大。我们三月三歌会具有鲜明的特色，表现为节日盛装、畲歌传唱、民俗表演、畲语莺莺，富有畲乡特色；丽水、金华两地四个民族乡镇联合举办三月三畲族歌会，具有浙江中南部畲族地区文化特色；歌会内容和唱歌形式高度兼合畲族传统格式与现代文艺模式，达到内容与形式的完美结合；把单一的传统对唱活动扩展到大型的广场综合文艺表演，如现代歌舞、畲歌联唱、民乐合奏、舞狮、抬阁、舞龙灯、篝火晚会、对歌堂赛歌、婚嫁民俗表演，使整个歌会呈现亦歌亦舞、亦今亦古的特色风格。我们三月三歌会不仅特色显著，而且作用也非常大。一是拉动丽水、金华两地三县四乡镇的经济文化建设。三月三歌会期间，举办单位都努力推介本地资源优势，展示改革开放取得的成果，通过图片展览、影像宣传和现场参观、座谈交流等形式，开阔视野，打开山门，融入改革开放的大潮流之中。二是拉动旅游业发展。我们通过三月三歌会，大力宣传板桥畲族乡秀丽风景和独特畲族风情，提高我们的知名度，吸引更多人来这里旅游观光，从而带动当地旅游业的发展。三是拉动畲族民间文化的保护和发掘。如今，畲族文化遗产的保护工作充分引起各级政府的重视，畲族干部群众普遍增强了保护本民族传统文化的自觉意识。三月三歌会期间举办的“畲族文化遗产保护与发掘研讨会”，表现畲族题材的各类“书法摄影展”，还有畲族特色的传统体育活动，如畲家大力士挑担负重比赛、爬竹竿、拔河赛以及畲族妇女绝活“采新茶”“织彩带”等表演，把歌会活动的内容不断延伸、扩大。更为重要的是，由政府举办濒临失传的畲族民间传统歌会，不仅为畲族三月三赋予了新的生命力，而且还为发掘畲族传统文化精华、保护畲族文化遗产、促使畲族山歌传承和普及创造了新路子。畲族三月三传统歌会，造就了新一代畲族文艺工作者，培养了一大批新歌手，使畲族山歌这个“国宝”项目后继有人。

根据浙江“文化大省”发展战略，结合丽水市打造“艺术之乡、浪漫之都、休闲胜地”和松阳县打造“田园松阳”的总体要求，我们举办了第二十届“桥竹柳新”三月三畲族歌会。我们着力打造一个体现松阳畲乡文化底蕴、具有少数民族鲜明特色的“三月三”畲族歌会品牌。按照“安全第一，形象第一，发展第一”

的办节思路，力争内容、规模方面在继承传统的基础上有所创新和提高，同时借力三月三歌会促进板桥畲乡整体建设上一个新台阶，努力赶超周边两市民族地区。

我们以党的十七大、十七届六中全会和党的十八大精神为指导，贯彻落实县九次党代会精神，从现有的资源乡情出发，围绕“畲族原生态”概念进行推广，展示畲族的社会主义新农村建设成果，更进一步弘扬民族文化，加强民族团结，促进民族地区的可持续发展。同时，以畲族传统“桥竹柳新”三月三畲族歌会作为畲乡宣传的前奏，拉开板桥跨越式发展的序幕，推进民族经济、文化的大发展大繁荣，促使“田韵板桥·风情畲乡”形象得到进一步提升。

3. 定情信物

彩带是畲族最富有民族特色的工艺品。畲族彩带编织艺术历史悠久，工艺精湛，纹饰意味丰富，功能奇妙多样，凝结着历代畲族妇女的智慧与心血，具有强化情感和意识的作用，反映了畲族的历史、文化与经济状况。

彩带又称 “合手巾带”“花腰带”。畲族姑娘从五六岁起，就跟着母亲学习编织彩带，彩带编织的精致程度，是衡量姑娘心灵手巧的重要标准。织彩带的原料，一是自养蚕自缫的土蚕丝用自制的绞线机绞成的丝线，再买来染料，自行染成所需的颜色；二是用自种的棉花，用土纺车纺成细棉纱。现在普遍使用市场购买的棉料和丝料。织彩带的工具只需简单的织带架，甚至只要三条长约 20 厘米、直径 5 厘米左右的圆竹竿，畲民称“织带竹”。牵好经线提好综，一头挂在门环、柱子、篱笆和树枝上，另一头拴在自己的腰上，上山放牛或农活休息时也能织带。

彩带作为畲民的一种日常用品，既有着朴实的实用功能，又起着美化衣着的装饰作用。畲族姑娘和妇女喜欢把彩带用于上衣的束腰，做背小孩的背篼带，扎拦腰围裙，或将彩带镶嵌在领边袖口，用来做美化衣着的装饰物。

彩带还是畲族男女的定情信物。男女双方定亲的时候，不管男方赠送何物，女子必定回赠一条自己亲手编织的彩带作“定亲带”。姑娘和小伙子平时通过对歌，建立感情后，也往往把彩带作为表达感情的信物，悄悄塞给心爱的人，或公然束在情郎的腰上，此时，她还会唱起赠带、系带的情歌：

编织彩带

一条丝带斑又长，
送给郎子束身上。
彩线拦边双手织，
肽着带子肽着娘。
蝴蝶成双翅膀翘，
彩带一条束郎腰。
太短娘女接上织，
太长连娘一起绕。
…………

畲族姑娘为什么把精心编织的彩带作为定情之物呢？在畲乡景宁至今还流传着一个美丽的传说：很久以前，畲族女始祖三公主带着子孙们，抱着报晓鸡，从凤凰山出发，经福建来到浙江，在景宁毛洋村落脚并定居下来。三公主上天后就把报晓鸡留给了雷四妹。这只报晓鸡通过黄蜂等，每天准确地报时、转告天气的变化，四妹又告诉族人。畲民根据天气的变化及时地播种、收割，年年获得好收成。报晓鸡快要死时和雷四妹诀别说："我在封金山的时候，喝过千年露水，尝过万种花草。肠都被露水花草染得花花的。我死后你要把我的肚子剖开，把肠取出来就成为一条有七色花纹的彩带。当你定亲时，把彩带作为定情物送给他，我会祝福、保佑你们夫妻恩爱、白头到老的。"雷四妹照办了，生活果然幸福美满。于是其他畲族妇女就代代相传织起了彩带，也传下了彩带作"定情物"的习俗。[1]

彩带作为定情的信物，充分地体现了畲族青年男女对爱情的专一和坚贞不渝。在景宁，姑娘与男子通过对歌确定双方感情之后便悄悄地精心编织彩带，赠送给自己爱慕的男子，其上有象征性的动物图案（如鸳鸯）和龙凤文字等；男子将手镯、银戒指赠送给自己爱慕的姑娘。然后两人进行一番对歌，表示自己与对方永久相爱，像彩带一样系在一起，男子便将心爱的彩带收藏起来。到了结婚那天，新郎用这条彩带把新娘牵入洞房。此后，男子便腰系彩带上山下田劳动，表示夫妻时刻在一起，永远不分离。在云和，男女定情时，男子送刀鞘给女子，女子送彩带给男子。此后，男子就用彩带将刀鞘扎于腰上，上山劳作。

畲族历来还把彩带视为吉祥物。在闽东畲族中，保留这样的风俗：人死

[1] 雷弯山：《畲族风情》，福建民族出版社 2002 年版，第 41—43 页。

后，可穿着“凤凰装”式样的民族盛服下葬，唯独不能用彩带作陪葬品。景宁敕木山畲村在 20 世纪 80 年代以前，也存在着这样的风俗，人到年老病故后，穿着结婚时的衣服下葬，意为婚时带来，死时带转（回），唯独不能用彩带作陪葬。这不仅仅是因为彩带是避邪的吉祥物，不能让死者带到阴间去，更是因为彩带是畲族世代传承下来的图腾缩影。

彩带这一畲族的吉祥物，其神奇之处，就在于它承载着远古时代畲族先民的祈福信仰和独特的民族文化。彩带的图纹和释义，透视出畲族深厚的文化内涵，同时也寄托着畲族人民美好的理想与追求。畲族彩带上有象形会意织纹和几何纹。象形会意织纹通过会意方式表达事物的形式，例如用连续曲线表示锯齿或老鼠牙，意为无坚不摧，顽强生存。菱形环扣环，意为蜘蛛织网，勤俭持家。以树杈叠树杈，形似弓箭，表示狩猎。一些几何图案或类似变形的织纹，表示抽象的现象和观念。有的织纹以笔画间距的大小表示人或事的亲近程度和空间距离。如往来和融洽，相对和相配，相邻和合居，邻舍与亲戚，丘陵和群山，父与男性等。有些织纹还反复出现，表达时间漫长、范围宏大等。[1]

畲族彩带的图案符号还反映了古代畲民的信仰崇拜。例如“巫”意为崇敬德高望重的人，“日”意为崇敬天上运行的太阳，“龙”意为崇敬龙等。景宁敕木山彩带有另一种花样，据一位老妇人说，是一只合乎传统风格的鸟。[2]在畲族彩带纹样中，“王”有诚心的含义，而“井”则表示水源，畲族人将“王”“井”在彩带上进行重复编织，寄托了人们诚心祈求水源的心愿。可见，古代畲民敬日、龙、水、巫、鸟等宗教信仰都在彩带的织纹中体现出来，表现出粗犷、朴实的风格。

彩带中还有字带纹饰。近代以来，随着一些经济状况较好的畲村办起私塾，畲民开始学起了汉文化，一些畲族女孩子因随班旁听也认识了汉字，因此，汉字织纹彩带开始出现。其中以《皇帝朝纪》的字带为代表，带上织了“风调雨顺，国泰民安，皇帝朝纪，宋元明清，顺治康熙，雍正乾隆，嘉庆道光，咸丰同治，光绪宣统，福禄寿喜，龙飞凤舞，荣华富贵，金玉满堂”等字。畲族将文字编织于彩带之中的工艺，在其他民族传统工艺中极其少见，这种独特的文字编织使畲族彩带具有浓郁的民族文化特征。无论是直露的表达还是隐喻的含义，都充分体现了畲民热爱生活、歌颂生活的执着和热情。

[1] 金成嬉：《畲族传统手工织品——彩带》，《中国纺织大学学报》1999 年第 2 期。

[2] 史图博、李化民：《浙江景宁敕木山畲民调查记》，转引自浙江省少数民族编纂委员会：《浙江省少数民族志》，方志出版社 1999 年版，第 622 页。

“花腰带”

彩带充分展现了人与自然和谐的美。畲民把他们对自然的热爱与亲近之情凝聚在彩带之中。在彩带的图纹中，尤以自然界的虫鱼鸟兽、花草树木居多。如图案纹饰主要有凤鸟、十二生肖、蝴蝶花、蜻蜓、蝙蝠、水竹花、铜钱花等。这些都处处洋溢着畲民对自然界美的追求，反映了他们与自然浑然一体，对自然界一切生命都心存尊重和敬畏，也体现了他们拥有人与自然和谐相处的理念。

尽管彩带蕴含了深厚的民族文化内涵，展示了畲民朴实、淳厚的思想感情和对美好理想的追求，但如今受时代的变迁和畲族的不断汉化等多种因素的影响，它正面临着失传的危机。自20世纪80年代起，畲族姑娘织彩带用于订婚的传统习俗就不存在了。尽管过去织彩带是畲族妇女生活的一部分，但随着时代的发展，这种织带方式对她们的经济生活已没有实际意义，45岁以下的畲族妇女几乎都放弃了织带手工艺，畲村里会织带的只有部分六七十岁的老人了。甚至有的畲村会织彩带的人寥寥无几，少数人仅在表演活动中做特色示范，彩带编织变成了特殊的手工艺技术。畲民对传统服饰的感情逐渐淡化，逢年过节难得穿时也不按传统打扮，就是现在景宁畲族自治县政府新设计的机关单位畲族干部穿着的盛装和在畲族民族表演服饰中，都较少见到传统织造的彩带。[1]

面对畲族彩带工艺濒临失传的危机，我们必须要加以抢救发掘和有效保护。彩带这一传统手工艺品是畲族世世代代积累汇聚而成的文化艺术遗产，具有不可替代性，畲族彩带已被列入浙江省第二批省级非物质文化遗产名录。对彩带进行整理、挖掘与研究，对弘扬民族文化、提高特色文化在市场经济领域中的地位、促进民族地区的社会主义物质文明和精神文明建设、加强民族民间传统文化非物质文化遗产的保护，都具有非常重要的意义。因此，必须采取多种措施，强化畲族彩带的保护传承和开发利用。要坚持“保护为主、抢救第一、合理利用、传承发展”的方针，要在传承人保护培养、生态空间优化、知识产权确立、配套设施建设、舆论氛围营造等方面出台新政策，实施新举措。除此之外，还需要全社会特别是广大群众的普遍关心和共同参与。[2]只有这样，才能让畲族彩带焕发出更加夺目的光彩。

浙江省级非物质文化遗产彩带项目传承人蓝延兰讲述了她编织彩带的经历。

[1] 雷光振：《景宁畲族彩带》，《东方博物》2008年第4期。

[2] 余海珍、邱慧灵、陈晓琴等：《畲族彩带的文化传承》，《浙江工艺美术》2009年第1期。

畲族彩织

我们家里的情况是这样的，奶奶去世得早，家里老爸老妈要上山干活。我六七岁的时候就被送到外婆家，我外婆是靠卖彩带为生的。那时候彩带的价格不高，都是几毛钱、一块钱。后来，我外婆去世了，到现在已经 27 年了，时间这么久了，或许我也不能把她的人生历程说得很详尽。

我六七岁开始跟外婆学织带，六七岁的小孩都喜欢出去玩，外婆就把简单的彩带放在家里，这样我们就待在家里织彩带，不会出去了，然后她就可以清闲地织彩带了。我织彩带主要是受外婆的影响，还有就是畲族妇女本来就要学一些织彩带之类的手工活，我们的习俗是小姑娘定情时必须要自己织一条彩带送给情郎，这样才算是定了自己的终身大事。畲族人还把彩带作为嫁妆，出嫁时带到夫家去。畲族少女出嫁后因为要生小孩的缘故，所以很多姑娘在出嫁前就把彩带织好，出嫁时带过去。我也是这样，生小孩期间我没有织，小孩两三岁时又开始织，白天不织，晚上小孩睡着的时候才织。

1996 年的时候，我织了一条彩带，名字叫作“皇帝朝纪”，这条彩带比较宽，有 10 厘米，上面有四十几个文字，“风调雨顺、国泰民安”等这些，还有清朝十个皇帝的年号。那时候村里刚好在搞旅游，来了一群摄影家，大概有六十几个到我们村里来采风，就叫我过去表演织彩带，我就织了一些拦腰、背带之类的彩带，当时县里的文联主席沈老师看到了我的彩带，他说他在景宁做了三十几年的工作，到过很多村庄，都没看到过这么大这么宽的彩带。他问我这个彩带是我自己织的还是别人送我的，我说是我自己织的，我都织了三十几年的彩带。他问我愿不愿意再织一条跟《皇帝朝纪》一样大一样宽的彩带，说愿意帮我带出去评奖，参加省里的展览会。后来我织了一条这样的彩带，就打电话告诉他，那时候已经是 1999 年了。他后来在县里面帮我申请了 3000 元的经费，作为展览会的展厅费，这样展厅费县里出，其他的费用是自己出。出去展览时，我还带了一个小姑娘一起去，我就在展厅里一边唱山歌一边表演织彩带，小姑娘就帮我整理彩带。城里人因为没见过类似的彩带，觉得我们的彩带很漂亮。后来县里面搞旅游宣传片，我的彩带也作为一项宣传的内容。这次参加展览会我拿到了特别金奖，但是我自己出的费用有千把块，虽然那时候家里不富裕，但也没有觉得特别可惜。

我第一次参加这种展览会，那时候心里一点底都没有，因为我还从来没有去过这么远的地方，平时去县城都是很少的，去展览的前几天，我晚上都紧张得睡不着觉。展览会在温州举行，是县里的文联主席沈老师带我去的，村里人都羡慕我去那么远的地方参加展览。其实我也考虑过不去，因为要花自己的钱，千把块钱的费用对农村人来说，负担还是很重的，那时候在村里请人干活都是二十几块一天，妇女十五块一天。但是由于县里的展厅经费已经申请好了，展厅也已经设计好了，又不能不去，所以还是得配合他们。后来彩带评上了特别金奖，也觉得挺好的，因为我们畲族还没有彩带拿出去评上过奖的，都是拿来家里做做拦腰、背带之类的。刚开始拿到金奖奖杯的时候还挺好笑的，村里的人都以为是黄金做的，后来才被告知是铜做的。当时县里从来都没拿过特别金奖，民宗局局长就把我的奖杯借去了，放在县里，并且给我补贴了一些钱。三四年后，有一个电视台来采访我，我就把奖杯拿了回来。由于国家对少数民族传统文化的重视，加上县里以及电视台对畲族彩带的宣传，畲族彩带申报了省里的非物质文化遗产，并且被批准了，那是 1999 年，而我是在 2009 年的时候才申报成为畲族彩带非物质文化遗产的传承人的。主要是因为我年纪太轻了，上面怕我年纪太轻，以后可能不会继续做彩带，所以成为畲族彩带非物质文化遗产传承人的时间比较晚。

那时候我自己的感觉是，一方面是我从六七岁就开始学织彩带，学好了也是自己的手艺，如果不织也觉得有点可惜；另一方面，织了又发展不了，只能靠县里举办的一些展览会，还有外面的展销团卖我们的彩带，收入非常少。我印象比较深的是，每次参加展览，我们的展厅都是设在门口这一块，人们进来都能看到我们，我们一边织彩带，一边唱山歌，每次都能吸引很多人，一般来说我们的展厅都是展会最热闹的地方。

现在整体来讲，这几年景宁组织这样的展览越来越多了，一年大概有三四次，去年我们去了杭州、义乌和武汉，前年我们去了北京和天津，出去参加这些展览我们的吃住都是由政府安排，哪个单位组织的就由哪个单位负责费用。我印象比较深的是，刚刚参加展览的那几年，去的其他地方，有很多人连我们畲族的畲字都不认识，不知道这个字怎么念，也不知道我们是哪里的少数民族，尤其当时到杭州去参加展览的时候，当地人看见我们穿着的民族服装，都不知道我们是哪里的，还以为我们是云南的。通过这几年各方面对畲族文化的宣传，越来越多的人了解了畲族，我出去参加展览跟人交流时也就更顺利了。

我还建立了一个彩带文化馆。起初属于下乡脱贫扶持，彩带馆的房子是 1993 年开始下地基，一开始是要求用木头建造，到了 1997 年又允许用砖头建造。那年造房子我自己只有六七千块钱，然后向别人借了两三万块钱把房子给建了起来。房子建起来有三间房，我们自己也住在里面。当时有外地的游客在网上看到我们彩带馆的信息，后来到这里，都以为这里只是我们住的地方，还问我们彩带馆在哪里？那时候我也觉得很难为情，后来县里来的领导看到我们彩带馆的情况，就要求镇里的领导帮我们解决一下场地问题。之后镇里的领导帮我安排了其他村里的一个房子做彩带馆场地，但由于各种原因，最后还是没有去。

这几年做下来，各地过来旅游的人也比较多，买我们彩带的人也多，我们彩带馆卖彩带一年也能赚到两三万块钱，同时我们也积极申请县里文化方面的各种补贴，得到了一些支持。今年我打算把彩带馆的墙壁粉刷一下，还打算购买一台织彩带的机器，这些我们都积极申请政府政策方面的优惠。

现在村里面还有三四个妇女在织彩带，会织彩带的像我们这个年龄也就30多个，年轻人也会跟着学，但是一般也没时间织，上学的上学，工作的工作，这几年下来有一些大学生会过来要求我教她们，但是只是过来学一学，一下子也是很难学会的。

彩带织了三十几年下来，我觉得彩带没有很大的发展，因为纯粹要靠手工，最简单的都要织两三天，像我的《皇帝朝纪》织了40多天，手工织一年最多也只能织几条。彩带传承方面，一般外地过来学的都是免费教的，也没想过收学费，有时候来学的人多了，也有点吃不消。但我只希望把这个推广出去，慕名过来学织彩带对我来说也是非常荣幸的。

4. 畲族医药

畲族医药是我国民族医药中的一朵奇葩。畲族长期居住在偏远闭塞、村落分散的山区，交通不便，经济落后，生活困难，营养缺乏，体质较差，疫病流行严重。新中国成立前，疥疮、痢疾、疟疾、天花、肝炎、结核病、地方性甲状腺肿、妇女病、血丝虫、血吸虫等十多种疾病严重威胁着他们的生命健康，影响着他们的生存和发展。在特定的历史条件和地理环境中，畲民为求生存与繁衍，学会了防治疾病的技艺，积累了丰富的医学经验。畲族医药就是畲民长期在生产、生活实践中与疾病做斗争的经验总结和智慧结晶，具有鲜明的地域性、民族性和家传性等特点。它是一门自然科学，自成一体，具有独特的理论、疾病观、治疗方法等，体现了畲族的文化特色，对某些疾病的治疗更有独到之处。

畲族医药具有以下特点：

一是理论独特。畲族医药的主要理论有三种，即痧积理论、六神学说与

畲医畲药展示馆

药罐

痧症理论，用于指导畲医临床防病治病。与传统中医理论相比，畲族医药的理论比较零散，这与畲民所处的社会环境、经济状况、文化程度密切相关。

（1）痞积理论。痞积有狭义与广义之分。狭义之痞积指小儿因饮食不当、天赋不足等因素而导致小儿面黄肌瘦、小腹膨隆等症，称小儿疳疾。广义之痞积泛指风、寒、痧、食等因素而引起的诸多杂病的总称，畲医统称为痞积病。其病机是因风、寒、痧等邪气侵犯肌体，或因过食肥甘厚腻之品，或因久病不愈，耗损胃气，而使脾胃虚弱，运化无力，气机壅滞，风、寒、痧等邪气积滞而成。痞积病在临床上根据病因及病变部位分为风积、寒积、痧积、食积、木积、土积、水积、火积、金积、气积、血积、痰积等。临床中的诸如冠心病、脑梗塞、糖尿病、脂肪肝、肿瘤等疾病都是根据这一机理进行辨证施治的。

（2）六神学说。“六神”由心神、肝神、肺神、脾神、肾神、胆神组成。心神：主司血液的运行，主宰十二条血路，二十八脉；肝神：主司水精、谷精的生成，主宰三十六骨节、七十二经脉；肺神：主司呼吸、诸气的生成，主宰人体各种气机活动；脾神：主司血液、肌肉，水精、谷精的运化，主宰血液、肌肉的活动；肾神：主司大脑、骨骼，精气的生成，主宰人体的生育繁殖；胆神：主司神明、谋略，主宰协调人体脏腑功能活动。六脏腑生理功能，各司其职，相互协调，相互作用，共同完成主宰人体的生命活动。畲医认为，人体生命活动的基本物质由气、血、精组成。畲医六神学说，确立六脏腑在人体生理功能中“神”的主宰地位，认为气、血、精是组成人体并完成机体各项活动的基本物质基础，是在六神的主宰化生下生成并发挥人体三十六骨节、七十二筋脉、十二条血路、二十八脉等各项功能作用。若六脏腑神魂失守，六神就不能发挥神的主宰功能，气、血、精化生不足或运行、输布失常，机体的各项功能活动就会发生病理变化，如不及时予以调整与治疗，就会影响甚至危及人体的生命活动。

（3）痧症理论。畲医认为痧症的病因主要为“痧气”，并形成了“痧气”致病学说。痧气分为外感和内伤，外感最常见的有风、湿、火三气入侵，阻滞脉络，使机体筋脉气血不畅；或三气相搏而生；或三气夹杂寒、暑之邪，乘虚而入；或因感染时行疫气而患；或因秽浊所触而发。一年四季均可发生，但多见夏秋湿热气盛之时。冬春发病多为感染疫气。内伤主要为贪杯好色，饥饱老伤，过食肥厚，偏喜辛香热辣之品而生。畲医痧症的病名据称有 72 种。一般会按发病部位、病症体貌特征、动物形态或致病因素等来命名。如按发病部位取名的有喉痧、小肠痧、大肠痧、黑眼痧等；按病征体貌特征取名的有哑巴痧、反弓痧、肿身痧、栀黄痧等；按致病因素取名的有斜腰痧、风痧、闷痧、瘟痧等；按动物形态取名的有蛇痧、奔牛痧、猪痧、老鼠痧等。痧症发病极为广泛，病种涵盖了内、外、妇、儿、五官、皮肤、骨伤等科。至今广大畲民都能诊断出许多痧症并普遍掌握发痧疗法，并常起到立竿见影、手到病除的效果。畲医认为，只要身体出现不适感觉，均可认为是痧气入侵，按痧症进行辨证治疗，因此有“痧症无虚症”之说，给予发痧祛邪治疗即能痊愈。痧症的治疗方法就是发痧疗法，是畲族医药中最具特色的治法之一。病情较轻者采用刮痧、撮痧、淬痧和搓痧等，病情急重者采用针刺、放血、挑痧或配合畲药治疗。[1]

二是疾病的命名和分类独特。畲医对疾病的命名和分类，按门类、性质、时间、病因、症状、形态、声音、体征分门别类，总括于风、寒、气、血、杂症五大类。在疾病分类上的记序上，遵古代的十月太阳历的计时法来记述疾病种类。如 36 症，倍之则为 72 症，十之为 360 大症。36 症加 72 症为 108 症，以 36、72 为基数记述疾病和药物等。[2]

三是治疗方法独特。畲医的治疗方法丰富多彩，归纳起来可分成两大类，即药物治疗和非药物治疗，或者分为内治法与外治法。比较有特色的治疗方法有：

（1）外治疗法。畲族民间有 20 多种特色外治疗法，至今仍被广为应用的有 7 种外治疗法，包括刮法、挑法、捏抓法、熏法、吹法、搓法、熨法，畲民广泛用于治疗常见病、多发病，这些方法具有操作方便、不良反应少、价廉和功效明显等优点。

（2）解毒通利法。畲医认为，人类生活在浩瀚的宇宙空间，时刻都会遭受毒邪侵蚀。毒邪好似空气一样充满了整个自然界，像无形的恶魔似的侵扰着人体，损害肌体功能，致使人体功能紊乱，脏腑免疫力不断下降，阴阳失调，致人生病，甚至致人以衰亡。自然界万物生长发育需要排邪除毒，人体生长发育更需要抗邪解毒，也只有这样才能保护自然界万物生长旺盛，才能维护人类肌体正常生长发育。畲医认为，无毒不生病，生病必得毒。治病就是治毒（排毒、解毒），治毒就是解除病体内的毒邪，把毒邪排出体外。畲医称其疗法为解毒通利法。[3]

[1] 雷后兴等：《中国畲族民间医药调查报告》，《中国民族医药杂志》2007 年第 6 期。
[2] 王泽鸿：《畲医诊疗特点概述》，《中国民族医药杂志》2002 年第 2 期。
[3] 雷后兴等：《中国畲族民间医药调查报告》，《中国民族医药杂志》2007 年第 6 期。

（3）心理疗法。畲族医药很重视心理疗法，应用的心理治疗，主要源于畲民的鬼魂信仰。畲民认为人生病就是恶鬼作怪。无论是重病或小毛病，一概看作犯“鬼”，对鬼的敬畏，成为一种普遍的心理特征。基于此，心理疗法才能发挥重要的作用。禳解是用畲医手段消除灾难的方法，寓中医移精变气、情胜法等五行、五音生克运用。唾弃，吐口水除凶兆；轻视，见怪不怪，其怪自败；转移，将凶兆转移到别处或别人别物上；欺瞒，“除死无大难，讨饭不再穷”；净化，克凶兆祭鸡犬。其他如小儿止哭咒、修惊、化鱼刺、送毛虫等。还有镇恶鬼作祟，如驱鬼、贿鬼、捉鬼、斩鬼。祝由是古代医家采取的开导劝诫、辨证解疑、暗示顺意、调节情态等方法来转移病人的精神意念活动，亦称移精变气法；情胜法采取一种或多种情志制约，消除其相胜的病态情志，修复和重建身心平衡达到治病目的。[1]

（4）食物疗法。畲医还讲究食物疗法。畲族食物疗法既有用来增强体质、预防疾病、延年益寿的，也有用于治疗急慢性疾病的，使用面广，涉及内、儿、外、妇、眼、五官、肛肠、骨伤等科，且普及率极高，几乎家家户户都在应用。平时食用家禽家畜时配用中草药，逢年过节炖鸡煮鸭时也加入中草药，故在畲乡有“九药不如一补”的说法。“一补”即食补。畲族食物疗法首先强调以脏补脏，认为禽畜的内脏或肌肉与人体相应的内脏或组织有特殊的补益关系，所以治疗四肢关节病痛的药物多配用猪蹄，治头风病的药物配用猪脑或羊脑，治疗胃脘痛的药物则加猪肚。[2]

四是用药方面独特。在用药方面，畲族医药使用以植物药为主的天然药物；且习惯使用鲜品，用药讲究新鲜，跨年药一般不用或很少使用；常用单味，约三分之一处方为单味，即使用复方，也大多不超过五味，这一特点对研发新药有利，从现代新药成分分析、药理毒理试验及严格的质量控制等方面来说，多药的复方制剂很难做到，单味制剂研发则简便、快速、可靠。畲医用药方面喜用药引和敷料，用动物类器官为佐料、辅料，增强药效及疗效，注重药引，将药引到靶位、矫味或使之更宜服用。畲医用药以原生物为主，仅少数经过特别的加工炮制，认为这样能保证其药性不会受影响。[3]

上述四个方面的特点充分展示了畲族医药的独特内涵和魅力。由于畲族

[1] 王泽鸿：《畲族医药继承与发展的思考》，《中国民族医药杂志》2006 年第 5 期。

[2] 邱国珍、赖施虬：《畲族医药民俗述论》，《中央民族大学学报（哲学社会科学版）》2003 年第 6 期。

[3] 雷后兴、李水福：《中国畲族医药学》，中国中医药出版社 2008 年版，第 283—290 页。

进山采药

山水佑人

只有语言，没有文字，畲族医药过去以口传心授、耳提面命为主要传承方式，缺乏系统的文字记载。现有的畲医大多年事已高，部分名畲医已去世；由于多种原因，年轻畲民学习畲医甚少，导致畲医事业后继乏人，大部分畲族医药濒临失传。这些都已经严重地威胁到了畲族医药这个宝贵文化遗产的继承和发展。基于此，政府有关部门和民间的有识之士已经采取了多种措施进一步加大对畲族医药文化遗产的抢救、保护、研究与开发的力度。一是加强了对畲族医药的研究工作。福安市中医院王泽鸿于 1992 年牵头成立了福安市民族医药研究所，发表了关于畲族医药的多篇论文，编撰了《畲医学》，书中介绍了福安市畲族医药的发展过程，传承、发展前景，并收集了闽东霞浦、福鼎，闽西三明，福州连江、罗源，浙江丽水等地的畲医经验。2004 年宁德市人大常委会《关于保护和发展畲族文化的决定》，促进畲族医药的研究和发展。[1] 丽水市人民医院等 6 家单位共同完成了《畲族医药研究与开发》课题，为畲族医药的继承发展做出了突出贡献。其创新成果主要有：在对畲族医药进行全国性全面调研梳理的基础上，建立国内首个“畲族医药开发研究专用数据库”。收集到诊治的病种 776 个，处方 1600 多个，畲药 2952 种，这些资料经分析、处理，归并出 450 个病名、1000 余张处方和 1600 余种民间常用畲药，基本查清了我国畲族民间医药的现状。该数据库首次对民间常用的 517 种畲药进行畲药名、通用名、土名与植物拉丁名四种名称对照。此外，他们还组织编写出版了介绍我国畲族医药最完整的 40 万字的《中国畲族医药学》，并发表相关学术论文 23 篇。研究成果达到了抢救、整理和保护畲族医药的目的，为传承畲医畲药提供了科学依据。

二是加大了对畲族医药的开发和利用。景宁畲族自治县通过召开民族医药洽谈会，招商引资，进一步加大了畲医药的开发规模。乡村医师陈建华整理完成畲药处方 30 多个，开发成功“复方畲香骨折膏”等 3 个系列、12 个品种的畲药产品，并获得国家专利。[2] 丽水市人民医院等 6 家单位对在 1003 个畲药处方中筛选出的降血脂、治乙肝等 7 个有效处方进行了临床验证，完成了院内制剂全部资料上报工作，进行了地菍等畲药的药理毒理试验，申请的 11 味畲药炮制技术已获浙江省药监部门批准编入《浙江省中药炮制规范》。其中选择保健茶作为畲药开发利用的一个切入点，首先研制的由畲药组成、具有健胃和降脂作用的两种保健袋泡茶，投入市场后取得了很好的效益。

[1] 王泽鸿：《畲族医药继承与发展的思考》，《中国民族医药杂志》2006 年第 5 期。

[2] 王振生：《景宁全力开发“畲药”》，《中国中医药报》2006 年 1 月 27 日，第 7 版。

2007 年，丽水市畲族医药研究会申报的“畲族医药”项目被浙江省政府批准列入第二批浙江省非物质文化遗产保护名录；2008 年 6 月，该项目又被列为国家级“非遗”保护名录。[1]

在畲族医药的继承和发展方面取得一定成就的同时，我们也应该看到，畲族医药的研究和开发任重道远，还存在着许多亟待解决的困难和问题。国家对畲医缺乏政策法规扶持，畲医难以取得执业医师资格，国家对药品、医院制剂的审批严格控制，发展畲医畲药的困难较大，对畲药的保护力度不够，保障机制还不够健全，缺乏必要的财政投入。特别是在当今强势文化和现代先进医学对畲医的全方位冲击的情况下，这些困难和问题有待深入研究，需要采取切实措施加以解决。

浙江省非物质文化遗产畲医畲药传承人雷建光介绍了自己对畲族医药的传承和发展所做的事情。

作为一个省级非物质文化遗产畲族医药的传承人，我的家族也是五代行医，畲医这一行业本身也是我作为畲医的后代义不容辞的民族事业，要把它弘扬好，这也是我行医的一个着落点。对于畲药来说，几百年以来，一直没有文字的记载，只不过是通过民间医生的口传、心传，靠现实生活的实际应用琢磨出来的。在我年轻的时候，那时候年纪大的畲医还有一大批，到现在，畲医逐渐减少，很多人都不在了。可喜的是，近几年来，畲医药文化又出现了比原来更加丰富的内容，这是因为这几年政府和社会各界人士对畲医药文化的喜爱度与关注度不断提高，政府对深入挖掘畲医药文化的扶持力度也大起来了，所以说目前畲医药包括各种医疗技术方面、医疗知识方面已经得到逐步提升。但是我们在实际的操作当中也遇到了较多的困难，比如说民间的畲医药的知识都是通过口头的传达，如果要通过这种方式使畲医药这种传统文化得到发扬，工作量是非常大的。就比方说我从事的骨伤科，一味药只告诉患者它的效用是什么，而没有对这味药做其他方面的解释，比如说别名、学名，还有药的性味是什么，副作用是什么。现在要把所有的畲药整合并深入挖掘其内容就比较难了。还有另外一个问题是，每个畲医在医疗应用中的治疗方法是不一样的，我爷爷的治疗方法就和我爸爸的不一样，虽然整个畲药的偏方主体是一样的，但是应用方法要随着现代科技的发展不断地改变和提升。比如在我爸爸那里，畲医的治疗方法都比较传统，骨伤科一般的治疗方

[1] 章关春、何琦环、鄢莲和：《我国民族医药又一奇葩：畲族医药》，《中国中医药报》2008 年 9 月 1 日，第 8 版。

法是夹板固定、草药口服和外敷等，但是到了现在，再按照那样传统的治疗方法，已经达不到一些病人的要求，肯定需要结合现代治疗方法，这样才能满足病人的需求。原来我的父亲在治疗病人的过程中，很多时候一服药，半个月、二十天换一次，但到我这里，一般就是五天换一次，因为在我父亲的那个年代，一般老百姓的经济水平比较低，是没钱看病的，老百姓对医疗的要求也低，只要能医治好病就行。此外，到了我这一代，为了保证畲药在现代医疗环境中的地位，就必须要去摸索，去找出畲医药中的一些理论和模式出来，这样才能跟上时代的步伐，得到社会的认可。

我一直致力于将中药、西药融入我的综合性治疗模式中。我本身学临床医学出身，虽然我是学西医出身，考的是中医执业医师，但是我现在从事一种有自主权的民间畲医治疗，因此在治疗中我一般采用外用药，用我们畲医一些祖传的民间偏方，同时综合性地应用一些中西结合的治疗方法，来产生一些能够满足病人的治疗效果，也就是把畲医与现代医疗整体结合起来，互相补充。其实在景宁畲医药方面，我也不算是内行，我会从事畲医这一行业，有一个原因是我一直以来对这个非常感兴趣，在一些医疗应用中对民间的一些偏方能够达到不凡的疗效非常感兴趣，我觉得畲医药很神奇、很有意思，我就常常去摸索。现在我在村里搞了一个畲医药博物馆，打算今年投资四五十万元，建好畲医药博物馆。

畲医药博物馆的审批、筹建是以我个人的名义，因为博物馆里面的畲药的所有内容都是我自己整理出来的，但是畲族的畲医药、山歌、彩带等都是属于畲族文化的一部分，这并不属于我个人。建畲医药博物馆是对畲医药和民族文化的保护和发扬，政府也是非常支持的。所以，畲医药博物馆是政府在投资，我只是操作，我做的是畲药的整理工作。到目前为止畲医药博物馆中的畲药种类已经有 700 多种，包括干的标本、草本，还有水本、木本，现在已经有专人在那边管理了。目前这方面我遇到的最大难题是畲药整理过程中一些药物的科学解释，今年暑假以来，由于社会各界对畲药的兴趣，都想知道畲药到底是什么东西，暑假以来我已经接待了十几批客人，有来自上海、天津、山东等地的医学院的一些学生，他们发现景宁有这样一个畲药博物馆，都产生了极大的兴趣，要来这边做一些调研。其实我现在做的这些工作，包括建立畲药博物馆，就是要让更多人了解畲医畲药的文化，提供这样一个平台，供大家参考。这些畲药的整理，靠我一个人是非常难做的，一方面我自己本身也很忙，另一方面是畲药的整理工作只有学过医的一些专业的人才能做，每一样的标本都要挂牌，其中有畲药的名称、性味、作用等内容，要把收集的 700 多种药物全部整合并加以整理，实际上相当于编一本书，工作量是非常大的。要把畲药博物馆的所有药管好，又要把它种活，还要说明它的功效，这就很难了。景宁县有一个畲医药研究所，里面的研究人员很多是做临床的，他们也很少有业余的时间来做整理畲医药的工作。

畲医药整理工作的进展总体来说还是比较好的，从畲医药的文化发扬来看，现在民间有很多人开始了解畲医药的一些内容，包括养生保健方面。我本人也成立了一个畲医药公司，生产了一些畲药袋泡茶，目前已经上市了。所以说这几年已经逐渐把一些畲药文化的产品推广出去了，尤其是畲药的药膳和医药养生已经取得了一定的效应。另外，畲药的文化推广方面也取得了一定的进展。我现在正在为今年 7 月 25 号在景宁举办的全国畲医药发展论坛做一些前期工作，这个论坛有 100 多位专家参加，我主要做会议的实际操作工作，到时候我的畲药博物馆和畲医药公司也作为会议参观的一个点。总体来讲畲医药文化研究方面已经取得了一定的进展，但是从另一角度来看，单纯地靠几个人来研究畲医药是不够的，因为畲医药的内涵非常深，涉及民族文化、民族医药的内容非常多。现在在畲族其他的民族文化中，比如说畲族服装，已经完全能够融入市场经济中，而畲族医药，也应该能够和市场经济接轨。

畲医药发展目前面临的困难很多，一个是资金问题，一个是人才的问题，关键是人的问题。需要让更多的人来参与这个事情，让更多的人来了解这个事情，这还需要来自社会各方面的扶持。最好是参与做畲医药文化的人既爱好畲医药，对畲医药感兴趣，又懂畲医药。由于我对畲药的了解是非常有限的，有一些畲药我只知道它的土名，但不知道它的学名和其他方面的信息，这就要通过去农村摸索，去实地考察、鉴别，还有通过网络查询，这是非常耗时间的，光靠我一人是不行的，需要大家一起来合作完成。

畲医药文化的发展，还有一个就是宣传问题，宣传当然要做好，但是我们也必须拿出一些畲医药实质上的东西，没有实质的东西，是没有发展空间，没有可持续性的。比如说我现在搞的畲医药博物馆，是作为畲医药文化的一个推广平台，但是如果没有结合畲医药的实质内容，是不能为市场经济带来效应的。畲医药文化的推广、畲医药博物馆的建立和管理需要资金，如果畲医药没有实质的经济效应，是肯定维持不了的。再举个例子，如果说我开的畲医药门诊没有创新，医疗没有实际的效果，是没有病人会来的，这实际上都是同一个道理。畲医药和其他畲族传统文化如畲族服装、彩带不同，其他的畲族文化内容可以在媒体上做一些宣传，但是目前畲医药还不行，它需要实实在在地做，很多临床在用的一些民间的畲族偏方，只在具有非遗保护的门诊内应用才是被允许的。因此，畲医药文化发展的进度和其他畲族文化的发展进度是不一样的，还有一些差距，畲医药是技术性的，是实实在在的，它的发展道路更艰难，还好目前政府对民族文化这一块还是非常重视的。

在从事畲医药医疗和文化推广的过程中，尽管遇到了很多难题，但我从来没有想过放弃。因为对我来说，虽然在骨伤科畲医治疗这一块，我了解得还比较多，但是对畲医药中全科畲药方面的知识我了解得非常有限，这里面还有很多的知识需要去学习，所以说走到我这一个阶段，想退也退不了，但是我也不会退，会继续凭个人的兴趣去进一步调研了解。实际上，我们平时在畲医药民间偏方的交流和摸索中，也是感觉非常有意思的。我们在摸索畲医药的过程中，经常会发现它和现代医疗方法一样，也具有很多科学的内容，虽然在具体应用中畲医药和现代医疗是不一样的，但实际的原理是一样的，疗效是一样的，这个我就非常感兴趣。打个比方说，在应对小儿啼哭的问题中，畲医的疗法是用香油混合锅灰敷在小儿的肚脐上，锅灰的抗炎作用非常强，都是抗炎治疗，这和现代医疗的原理是一样的。所以，实际上畲医药的理论知识也是非常丰富的，只不过没有通过文字整理出来。

我对未来的展望是，作为畲医畲药的传承人，首先要尽自己所能把民间的一些民族医药弘扬好、传承好，让大家能够更多地去了解这一块；其次我这么多年研究畲医药培养起来的兴趣爱好，让我在骨伤科方面有了一定的了解，我打算从明年开始把骨伤科这一块继续做大。目前在骨伤科这一块，最缺少的仍旧是人员，虽然畲医的骨伤科治疗已经产生了较为完整的一系列治疗方法，但是具体应用中人员的工作太过于细分，治脚的只治脚，治手的只治手，配药的只配药，这样一来对畲医药的整体学习就变得困难了，包括去别处聘请过来的畲医技术也非常单一，这样一来我要把畲医骨伤科这一块做大就比较困难。另外还有就是传承的问题，以前畲医药这一块的传承是很保守的，很多都是传男不传女，直到现在，一些自制的药物也不会告诉别人，那些在临床上具有特效的偏方更不会提供给别人。我曾经在参与一些医药书的编撰过程中，也提供过一些较为常用的偏方，但是那些重要的偏方我没有提供。因为从我作为一个民间医生的角度来看，如果所有的人都能用你的偏方，那你再用这个偏方意义就不大了，没有特色了，你用别人也用，就成了一个竞争性的东西。我想这些偏方还是通过口传的方式继承下去，比如说以后我把我的这些偏方传给我的儿子，起码也是给他提供了一个谋生的门路，哪怕他没别的工作，这些也能成为他的谋生之路，如果这些偏方给大家共享了，事情就会比较复杂了。

如果偏方共享了，那偏方到底是谁原创的就说不清了，你说你的是正宗的，他说他的是正宗的。在丽水和景宁都有人挂我的名，给病人开的药说是我这里的药，是向我这里学的。我就告诉那些医生，不要说是我的药，就说是自己摸索出来的。我的想法是畲医药作为我们畲族人自有的民族文化，这些祖宗的东西应该让下一代的畲族人更多地去了解，去学习和弘扬，把民族文化做大和做强。也许在我这一代对畲医药的传承还做不大、做不强，但是我相信在我们的下一代，畲医药丰富的文化内涵和操作方面的实际效用，一定会逐渐体现出来的。

向往

V

信仰：自然崇拜与祖先崇拜的融合

歌德说：『世界历史唯一真正的主题是信仰与不信仰的冲突。所有信仰占统治地位的时代，对当代人和后代人都是光辉灿烂、意气风发和硕果累累的，不管这信仰采取什么形式；另一方面，所有不信仰在其中占统治地位的时代，都只得到一点微弱的成就，即使它也暂时地夸耀一种虚假的繁荣，这种繁荣也会飞快地逝去』。

1. 石头崇拜和树木崇拜

畲族是个尊崇“万物有灵”的民族。“万物有灵”是远古人类所共有的宗教信仰形式。在原始时代，人类由于认识能力的局限，很难对支配和影响自己日常生活的各种外界现象做出合理解释，很难将自己同周围的自然界分开，常常把自己与自然物视为一体、混为一谈。一方面，当看到某些自然物，往往误认为自己也能唤起和创造这些自然物；另一方面，又常把仅为人所具有的能力赋予自然物，把自身的生命力也加到它们身上，这就萌发了“万物有灵”的观念。“万物有灵”的基本内涵是人们将自然人格化，赋予自然物以人的个性、人的感情、人的思维。正如英国文化人类学家泰勒所认为的：“原始人普遍地认为世界是一群有生命的存在物，自然的力量，一切看到的事物，对人友好的或不友好的，它们似乎都有人格，有生命或有灵魂的。在一个人、一朵花、一块石头和一颗星之间，在涉及他们有生命本体的范围内是不加区分的，假如有一个人从一块石头上滑下来，摔了一跤，这石头就是恶意的，或者他去钓鱼，一撒网就是大丰收，这必须归之于某一自然神的恩赐，他便认定最明显的东西——也许是那个湖泊——加以崇拜。”[1]因此在畲族人民心中，山有山神，树有树神，石有石神，土有土神，火有火神，可谓万物有神。

畲族人民不仅仅把土地、石头、树木等自然当作“神”，而且由于自然孕育了人类、养育了人类，自然是人类的母亲，因此畲族对自然充满敬畏之情和感激之情。畲族神话传说中有许多关于自然物崇拜的故事，如《天地是如何形成的》《火种》《天地造人》《人种是哪来的》《男造天，女造地》《土地公从此不灵》《土地婆去哪了》等。畲族还有首古歌叙说了石头救了人类的故事：

上古元仙二弟妹，日日掌（看）鸭山里来，
送饭也分石母食，有日石母又开嘴。
有日石母又开嘴，子时天火放落来，
姐弟存（藏）转我肚内，后来两人结头对。
一时泥土烧作灰，田中石牯（头）滚出来，
当时天下无人种，乃剩元仙二弟妹。
元仙元英二弟妹，眼看田园苦哀哀，

[1] 加德纳·墨菲、约瑟夫·柯瓦奇：《近代心理学历史导引》，林方、王景和译，商务印书馆1980年版，第199页。

怪山世上无人种，世界田园怎么开。
石母帮他出主张，你背石牯走山上，
背上山头双滚落，石牯那合结妻房。
一胎养仔五十个，二胎养仔一百个，
传转（分去）天下十三省，发族人丁几万个。[1]

这些神话传说和古歌中都融入了畲族人民对天、地、石头、树木等自然万物的深深感激和崇拜的感情。由于畲族先民的潜意识中并未将土地、石头、树木等自然物视为“异己之物”，而是当作亲人、伙伴，因而自然而然地将人与人之间知恩图报、感恩戴德的伦理意识投射到人与自然的关系上，以崇拜、祭献的方式表达对土地、石头、树木等自然物的感恩情怀和不忘之志。其中石头崇拜和树木崇拜是自然崇拜当中重要的组成部分。

畲族崇拜石头。闽东畲族有畲村附近的巨石演化出精灵的传说，并把巨石当作神灵供奉。霞浦县牙城镇茶坑洋边村有块被称之为“皇帝石”的长方形巨石，据说全村 200 多人中，就有近百人以石命名，可见石头崇拜之风的盛行。霞浦县盐田乡西胜长岗村有“老婆石”“七星石”，崇儒乡有“石壁公”“弥勒石”“观音石”等，其中对弥勒石的崇拜至少有 300 多年的历史。这些奇形怪石，有的地处高山且远在十里开外的山巅，有的在半山坡，有的在村子附近，但每处石人公前，都摆放着香炉和备用香烛等物品，同时周围都有古树。霞浦水门茶岗溪尾村村民在石人公前建宫，约 30 平方米，宫内供奉“马仙娘”，女神崇拜和巨石崇拜并存。西胜长岗村“老婆石”前建有楼，以方便人们叩拜歇息，每年正月初一到十五，许多畲族青年夫妇生下子女向石人公寄名，并且每年春节期间必须向石人公焚香上祭。[2]

畲族还非常崇拜树木。畲村周围多有拔地参天的风水树，因为畲家认为巨树能显灵。福安社口塔仔有一株被奉为“平水大王”的大树，供以香火。蕉城区金涵上金贝村也将一棵大树围作“林公大王”，建宫祭拜。霞浦县崇儒溪坪村有一棵近 200 岁的银杏树被视为树神供人们祭拜。[3]南平市延平区畲民崇拜古樟古树，将古樟古树视为神灵，在树前设有小庙供奉香火，许多畲民认树神为“契爸”，备有“七宝”悬挂在树干上，为家中小孩祈福。[4]景宁

[1] 钟伏龙、林华峰、颜素开等：《闽东畲族文化全书 · 民间故事卷》，民族出版社 2009 年版，第 22—24 页。

[2] 缪品枚：《闽东畲族文化全书 · 民间信仰卷》，民族出版社 2009 年版，第 13—15 页。

[3] 同上，第 18 页。

[4] 南平市延平区畲族研究联谊会：《延平畲族》，鹭江出版社 2013 年版，第 149 页。

畲族自治县的部分畲村都有一片自己的风水林，由于村民相信风水林会为他们自身以及村庄带来好运，因此着重对其进行保护。对风水林的保护让我们有幸看到村庄四周郁郁葱葱的森林景观。然而，由于经济利益的驱使，风水林也时常会遭到偷盗者的砍伐，造成森林资源的破坏。出于对风水林保护的需要，当地制订了相应的惩戒措施以规制这种偷盗行为，具体内容为："一旦发现有人偷盗林木或者当场抓获偷盗者，即罚其交纳一百斤豆、一百斤米和一百斤肉（俗称'三个一百'）。"很多畲村都存在着"三个一百"这样的惩戒措施，只是其中的具体内容不同罢了。这类惩戒措施主要由当地的社会公众共同制订并由德高望重者来具体执行以保证规则得到遵守。[1]

松阳县板桥畲族乡金村村支书蓝海金讲了金村的石头崇拜和树木崇拜。

听老人讲，我们崇拜石头，是因为石头对畲族有大恩德，救先民逃脱火灾。畲族流传着"火烧天"的民间故事，说的是石母猪保住了人种，山哈后代感恩不尽，一代又一代都把石头敬为神灵。从前，在一座大山的山脚，住着一户人家，只有兄妹两人，靠砍柴过日子。哥哥上山砍柴，妹妹送饭到山脚石母猪边等他吃饭。送去的饭被石母猪偷吃了，作为回报，石母猪告诉兄妹俩一个秘密："天上要放火烧天下，烧死世间的人。等到那时候你们逃到我这里来。"果然，天放火烧人间，兄妹俩钻到石母猪的肚子里，跟石母猪一起滚进了东海，得以保住性命。八十一天后，兄妹俩出来，见天底下只剩下他们两人，石母猪建议兄妹两人各背一个石磨，一个上东山，一个上西山，各自把磨推下来，要是两个石磨从山上滚下来能合在一起，说明你们两人有缘分，可以结为夫妻。于是，兄妹俩各自背着石磨上山，并从山顶上把石磨推下来，结果石磨合在一起，他们两人就结为夫妻，生儿育女，繁衍了人类。我们村的村头有块大石头，被奉为"石母"，上面写着"畲"字，在大石头的顶上，有一座用石块垒成的小庙，里面供有香火。逢年过节，正月初八、三月三、六月六、九月九等节日，村民都会来这里点香祭拜，求它保佑我们平安。村里小孩出生求它寄名，母猪生崽求它保佑，还有些人取名用"石"字。

我们还崇拜古树，尤其是樟树，认为樟树有生命力，子女少而多病之家，要子女拜樟树为"娘娘"。认樟树娘时，要请畲族的师公定一黄道吉日，备好酒、肉、豆腐、纸礼、香烛等祭品，由其母携孩儿到指定的樟树下，将一束头发与指甲塞于树缝某处，再贴上"长命富贵"红纸一方，献上祭品，行过叩首认母之礼，

---

[1] 朱伟：《林业习惯法初探》，浙江农林大学2011年硕士学位论文，第9页。

石头崇拜

树木崇拜

酒敬三巡，并告知家庭住址、父母姓名，即毕。回家后，便相信此树能起到亲娘对孩子的保护作用。此后，家人要在年节时备祭礼到树边祭谢。我们还在樟树脚盖庙供奉香火，还规定不许砍树，不许在树脚周围大小便。

霞浦县溪南镇白露坑半月里自然村村口就有一株高大挺拔的风水树，该村村民雷其松介绍了风水树的由来。

这是一棵古榕树，至今有300多年的历史。根据我们村的族谱记载，第三代祖先雷志茂是位风水师，他曾拜师学艺三年，精通地理与奇门遁甲等，在当地以给人看风水而出名。他于清朝雍正年间在这里建造了宅第，修建了雷氏宗祠和龙溪宫，并种上了现在的5棵古榕树。据说在建造雷氏宗祠时，他要选择一块风水宝地来建造，看过很多地方但最终都无法定下来。一个偶然的机会，他发现自家放养的一群牛，回到牛栏后，总是要跑到一块空地上去休息，而那块空地冬暖夏凉。出于对牛这位忠实伙伴的深厚感情，于是他认定牛的休息地为风水好的地方，决定在此建造祠堂。房子造好后，他又在村口和屋后山上种植榕树、毛竹、果树等，使房屋掩映在青山绿林之中。村口种了树就能避风，屋后山上种了树就能增加泉水的流量，空气格外清新，祖先们往往把这些叫作风水。为了保护和培育村庄的风水，家族定下了族规，要求大家保护好风水树，禁止砍伐。这条族规代代相传，大家都遵守族规，而且形成了保护风水树的意识，平常对它呵护有加，更不会去砍伐。据说后来在龙溪妈祖宫庙边修建了客房，客房曾经遭受到强台风的袭击而损坏，加之旁边的古榕树又伸展至房子里面，族人为保护古榕树，选择了拆掉客房。这些风水树的确给村庄带来了好运。

树的赞礼

龙溪宫

2. 凤凰崇拜

畲族自古以来就崇拜凤凰，凤凰崇拜既是畲族的图腾崇拜，又是畲族的女性始祖崇拜。被誉为本民族的“族宝”的畲族祖图上就多处绘有美丽的凤凰，这鲜明地体现了畲族的凤凰崇拜。所谓图腾崇拜，就是某一族群（氏族、胞族、部落或家族、宗族等）相信与一种或几种动植物、无生物存在血缘关系，以其名作为族群的名称、标志或象征，并有种种信仰、禁忌和传说。通常，崇拜某种动物或植物的族群，不但本族群的人不准杀、食该种动物或植物，而且还有保护此类动物或植物的义务。[1]可见，畲族把凤凰作为本民族的标志。畲族对凤凰十分尊崇，则是源于凤凰是三公主的象征。传说，三公主贤惠聪明，不贪图宫廷的富贵生活，随夫携子迁到凤凰山，被畲族奉为“宇宙女神”即凤凰神。而三公主是畲族的“始祖婆”，在《高皇歌》中忠勇王之妻是高辛帝之女三公主，因畲族始祖龙麒杀敌有功，高辛帝把三公主许配给他。可见，畲族的凤凰崇拜同时也是畲族的女性始祖崇拜。

畲族的凤凰崇拜以畲族女性的“凤凰装”表现得最为明显。凤凰装包括头饰、衣式、银式一整套：红头绳扎的长辫高盘于头顶，象征着凤头；衣裳、围裙（合手巾）上用大红、桃红、杏黄及金银丝线镶绣出五彩缤纷的花边图案，象征着凤凰的颈项、腰身和羽毛；扎在腰后飘荡不定的金色腰带头，象征着凤尾；佩于全身的叮当作响的银饰，象征着凤鸣。畲族凤凰崇拜还体现在神话传说中。在浙江丽水、云和、景宁和建德一带的畲族中流传着这样的凤凰传说故事：相传在广东潮州附近的凤凰山，有一天飞来一只金凤凰，凤凰吃了白玛瑙，产下一颗凤凰蛋，从凤凰蛋里蹦出个胖娃娃，取名为凤哥。凤哥由百鸟抚育成人，后来打死大蟒，打败猛虎，历尽艰险，娶龙女为妻，繁衍的后代即为畲族子孙。从此以后，畲族人以凤凰和龙为崇拜，逢年过节均以村为单位举行敲锣泼水的祭祀祖先活动。[2]此神话表现了畲族对龙凤的崇拜。

畲族生活中保留了一些与“凤凰崇拜”相关的习俗。在浙江省温州市文成县富岙乡培头畲族村有一座拥有 300 多年历史的钟氏宗祠，在宗祠大门门梁下雕刻着一只展翅欲飞的大凤凰，这表明门梁下悬挂凤凰或雕刻凤凰的习俗在培头村源远流长。现存的在畲家娶媳妇要穿凤凰装，新娘子进门后，夫

[1] 何星亮：《中国少数民族传统文化与生态保护》，《云南民族大学学报（哲学社会科学版）》2004 年第 1 期。

[2] 沈其新：《图腾文化故事百则》，湖南出版社 1991 年版，第 140—142 页。

凤凰崇拜

家第一碗点心是汤圆外加两个剥壳的熟鸡蛋，叫“凤凰卵”。小孩出生第三天要做“三诞”，置办供品祭祀祖先，祭毕给邻居每个小孩分一个用染蛋草染红的“凤凰蛋”（熟鸡蛋），表示吉庆。在福建省的屏南地区，畲民的“艾蛋茶”中也凝结着浓郁的凤凰崇拜特色：将新鲜的鸡蛋即“凤凰蛋”打在碗内，在生蛋黄中插入一根筷子，再将滚烫的艾叶水顺着筷子慢慢地流进蛋里，渐渐烫熟的鸡蛋便形成了金黄带白的细丝状，泡制完成后，茶碗中便呈现出一幅“凤凰”图景。

那么山哈为何爱凤凰呢？传说是这样的：很久以前，凤凰山上有位勤劳勇敢的畲族后生仔，叫盘阿龙，父亲早逝，与母亲俩单靠打猎为生。一天早晨，阿龙早早就拿着火铳上了凤凰岗顶，不等凤凰出窝，就脱下斗笠盖住凤凰窝，抓住了一只凤凰，到家里操起刀子正要杀凤凰时，凤凰说话了，请求阿龙放了它，它会表示感谢。阿龙放了凤凰，凤凰从身上拔了三根羽毛给阿龙，告诉他以后遇到困难，只要用火点着一根羽毛，凤凰就会飞来帮助阿龙。谁晓得从第二天开始，天就一连下雨，阿龙不能上山打猎，家里揭不开锅了。阿龙就用火点着一根羽毛，凤凰飞来，嘴里吐出三颗谷子，叫阿龙把这些谷种撒进田里，保他永世吃不完。阿龙把谷种撒进田里，过了一阵工夫，田里长出一层金色的稻谷，母子俩从此天天能吃上香喷喷的大米饭，再也不用跋山涉水去打猎了。吃饱了饭，冬天来了，缺少衣服御寒，阿龙用火点着了第二根羽毛，凤凰飞来，给他三粒苎麻籽，叫他种到园子里，保他永世穿不完。阿龙播下苎麻籽，不一会儿，长出了一棵棵苎麻，而且一年四季都有苎麻收，阿龙娘剥下麻皮，日纺夜织，裁成件件衣衫。穿暖了，可家里还少一个媳妇。这年歌会，阿龙认识一位畲族姑娘，后托媒说亲，姑娘家虽同意了，但要阿龙送一套凤凰装。阿龙用火点着了第三根羽毛，凤凰飞来，嘴里吐出鲜花、绿叶、虎牙，叫阿龙把这些东西嵌在阿娘裁好的衣裳上，保他夫妻永世和睦。于是阿龙把鲜花、绿叶、虎牙嵌在衣裳上，挂到厅前一看，真像一件凤凰衫，但还缺头和尾，凤凰只好忍着疼痛，卸下了自己的头髻、尾巴。阿龙把这些东西送给了姑娘。到成亲那天，姑娘穿戴打扮停当，过了门来，就像一只美丽的凤凰。后来，人人都说：“谁家有了凤凰，谁家就有衣穿有饭吃，就会娶到好媳妇。”因此，畲家妇女至今还是梳凤凰头、穿凤凰衣、系凤凰尾飘带，连家具的花纹图案也离不开凤凰呢。[1]

[1] 钟伏龙、林华峰、颜素开等：《闽东畲族文化全书·民间故事卷》，民族出版社2009年版，第127—128页。

银质凤凰头佩

凤冠羽装

板桥畲族乡金村村支书蓝海金介绍了金村的凤凰信仰。

在历史上，我们就有凤凰崇拜。畲族女性的“凤凰装”就是最好的体现。畲族妇女的 “凤凰装”是畲族传统服饰的最大亮点。关于畲族凤凰装的来源，有一个传说：畲族的始祖龙麒因平番有功，高辛帝把自己的女儿三公主嫁给他。成婚时，帝后给女儿戴上凤冠，穿上镶着珠宝的凤衣，祝福她像凤凰一样给生活带来祥瑞。当女儿出嫁时，凤凰从广东的凤凰山衔来凤凰装送给她作嫁衣。从此，畲家女便穿凤凰装以示吉祥如意。我们这里妇女平时不穿“凤凰装”，只有在重大节日有需要时才穿，像畲族“三月三”歌会，“六月六”风情节，需要表演时才穿。要说妇女的“凤凰装”，最有特色的是“凤冠”。戴凤冠是妇女发型梳理中最难的一桩。它要先将头发梳直盘扎于头顶部和四周，以一块八寸见方的红色“罗帕”盖在上面，加以固定头发，防止散乱，再在其上戴头冠。头冠是用一寸直径、两寸多长的竹筒包镶银片精制而成，外用“罗帕”裹成前圆后尖之状，圆形冠面下缀挂 5 片或 6 片小银片。再在头冠两侧环头裹 4 串小玉珠，在右耳后上方插一支垂穗的“头珊”，整个“凤冠”才算装扮完成了。畲族妇女还喜欢佩戴银饰，在畲族的各种银饰上还以凤凰图案或凤纹为装饰。“凤凰装”的特色装饰物即畲族彩带，相传是凤凰死后的肠子所变，既是“凤凰装”不可或缺的装饰品，也是畲族男女青年的定情信物。

凤凰崇拜还体现在畲族的祖图之一的“金鸡图”中。我们的祖图放在南坑源村，祖图上面有五幅金鸡图，画面为一圆日中绘一昂首雄鸡。这些金鸡图，一般在“学师”祭祖和“做功德”丧葬仪式中，挂于天井旁的柱子上或大门门框上。“金鸡”是凤凰的原型。“神化”后的凤凰，其头、冠、颈、啄、尾仍与鸡无多大差别。前几年，我妈去世时，我就请法师来做了三天三夜的大功德，尽管我妈没学过师，但我爷爷奶奶学过师，70 年代他们去世时，家里穷，没给他们做，这次趁妈去世时把爷爷奶奶的功德也做了，所以搞得很热闹也很隆重。在做大功德仪式中，法师就把金鸡图挂在天井旁的柱子上。

不仅如此，我们的民居建筑也体现了凤凰崇拜。村委会的办公楼、文化陈列馆等房屋的墙上就多处绘有彩色的凤凰；在文化广场边上有一座供大家乘坐休憩的凉亭，叫凤凰亭。

凤山衍庆匾额

白露坑半月里雷其松述说了他们的凤凰崇拜。

我们村有几个老妇人还保留着传统服饰和发式的打扮。我们的“凤凰装”跟罗源、福鼎的畲族略有不同。畲族妇女上身穿向右开襟大裾衫，领口、袖口及胸前绣有花纹图案，下身穿长裤。老妇人每天都梳着传统的发式。传统发式复杂，云鬓高髻，夹以大量假发扎成。梳扎时，先把头发分成前后两部，后部约占三分之二，其间置放一支长约 20 厘米、直径约 3 厘米裹着黑布的竹箨卷筒，用红绒线扎紧其中段，往上折，呈斜角，使后端头发蓬松在后脑勺突出，呈瓜瓣形，前端与假发用红绒线扎紧，让假发至前顶呈侧扁形垂下，前部头发分成左右两股，旋成小股，从左往右绕过头顶，至前顶与垂下的发束汇合缠扎，接着陆续增添假发，把整股头发从左往右盘绕于头顶，呈螺旋状，用发夹固定。最后用大银笄横贯发顶中央，形成昂扬屈曲、独具一格的盘龙状高髻。

村中现在还有两个四五十岁的男性会做传统服饰和刺绣，有几个年轻人现在也跟着他们学习这门手艺。在老人去世时要请他们专门制作传统服饰。年轻人结婚时，如果双方都是畲族人，新郎新娘也会制作传统的畲族服饰。新娘会戴上婚礼凤冠。凤冠又称“公主顶”，它尖顶圆口，戴于发髻上，以红绸带或料珠串扣于下颊。其结构特殊、复杂，冠体内层以竹箨圈制，外蒙黑布或深色布，正中上部装一精致银框小方镜，并配微型剪、尺、书、镜等物件，传说是高辛帝皇后凤冠遗制，能趋吉辟邪，冠顶以竹篾编织成金字塔形骨架，外蒙红布，各面贴缀大小不一的银片，上部后侧及前两侧，各缀挂一碟形银饰，上各缀挂五串各式小银片，两端饰玻璃料珠串，尖端装饰两片三角银片和红璎珞。装饰的银片均錾凿吉祥纹样。婚礼凤冠，还羁系遮面银饰，俗称“线须”：由一块长方形银牌和九串银饰薄片组成，整体若帘，垂于面前，银牌多錾双龙抢珠图案，银片则为鱼、石榴、梅花等寓意吉祥图案。婚礼中的银凤冠目前在霞浦只有两人会做，我们村有一位 70 多岁的老人会做，现在他的孙子在跟着他学习。

在宗祠、龙溪宫房屋顶上都刻有一只展翅欲飞的大凤凰。畲族人民日常生活中还存在着忌打燕子、吃燕肉，忌用有鸟花纹的花布制亡人的寿被和女亡人的红裙的禁忌。畲族传说中的祖居地在广东凤凰山，而且每逢喜庆，畲民总是庄重地在居屋的厅堂贴上“功建前朝帝喾高辛新敕赐，名传后裔皇子王孙免差徭”的对联，横批为“凤凰到此”或“凤凰来仪”，有的则挂有“丹凤朝阳”的图画。

龙凤呈祥

畲族少女

3. 插花娘娘信仰

畲族是个崇尚女神的民族，插花娘娘是畲族人民塑造的唯一的一位本民族的女神，因此备受畲民的尊敬和崇拜。相传，插花娘娘原名叫蓝春花，住在松阳县毛弄村。春花姑娘聪明美丽，心灵手巧，喜爱唱山歌。她与丽水灯盏山的蓝金花、青田大路坳的马金英认作姐妹。由于父母病故，为家境所迫，春花姑娘替舅舅家放牛、打工。舅舅对她很苛刻，千方百计刁难她。先让她用圆底水桶挑水，圆底水桶放不平，中途不能停歇，春花只好一肩挑到水缸边。接着要她把下丘的田水引到上丘来。自古以来，水都是往下流的，怎么能往上流呢？她坐在田边说，如果老天有情，就来帮一下忙吧。她用一张茅叶搭在田墈上，随后下丘的水顺着茅叶流到上丘了。舅舅见难不倒她，又生一计，明知她与村里的二郎情投意合，还是托媒人强行把她许配给马村的马公子。媒人私吞了马家银钱，家中无钱偿还，马家就强娶。当花轿抬到横岚坳高崖山路时，山风料峭，不能张目，春花趁机跳崖殉情，陪随的姐妹也一同跳下，她们葬身崖下，却面色如生，无一伤痕。众乡邻闻讯赶到，采集山花遮盖了三姐妹的遗体。刚巧太白星君出游路过，见此就度三姐妹上天做了神仙。人们敬佩蓝春花坚贞、勇敢、刚烈的性格，勇于追求爱情和幸福生活的精神，就在横岚山上为她造了庙，塑了像，称其为“插花娘娘”，被人们誉为“畲族的阿诗玛”，年年祭拜她。

丽水、云和、青田、武义等地的畲民也十分敬佩插花娘娘高尚的品行，崇尚其超凡的力量，也纷纷立庙祭祀，寄托某种心愿，寻求某种庇护。由于畲族居住在山区，插花娘娘庙便多建于深山密林之中的山冈上，一般坐北朝南，依山而建，尽管庙的大小、规格不一，但是建庙之处风水都很好。据记载，丽水市城关镇的灯盏山、云和县龙门乡的樟坪、雾溪乡的大仓等处曾建有插花娘娘庙。[1] 此外，有的畲乡用三块岩石搭叠而成表示一座庙，还有的仅在山坳巨石缝上插花，也算是立有插花娘娘神位。

畲族人民用本民族特有的方式来崇拜和敬重本民族的女神插花娘娘。祭拜酬谢插花娘娘，畲族既用山花亦用山歌，还有“人神对歌”的神奇形式。由于插花娘娘十分喜爱山花，平时畲民在庙里祭拜，习惯上都要折一枝山花插在香炉中，以示对女神的敬仰和祈求她的赐福。家有危难时前往插花娘娘

[1] 浙江省少数民族志编委会：《浙江省少数民族志》，方志出版社 1999 年版，第 352 页。

庙祝拜，祈求保佑，许以歌礼祭谢。祭谢歌礼在祭者家中以对歌形式进行，由一男歌手（神童）代表插花娘娘，另一男歌手与插花娘娘对唱畲歌。这种问神的方式称作“讲花”或“问花”。摆设的祭礼，除鸡、肉、酒等食物，还必须有畲族妇女穿的花边衣，戴的头冠（笄）和银项圈、银戒指、银手镯等饰品。祭谢插花娘娘必须在夜深时进行，不许任何异族人观看，不许在场者讲异族语言。[1]以歌答谢的还愿仪式，不仅是一种娱神方式，更多的是娱人。畲民希望借助仪式中所用的种种祭品达成人与神灵之间的互惠关系，希望进一步得到插花娘娘的庇佑，远离灾祸，福运高照。同时，通过歌手和插花娘娘的长夜对歌，还愿仪式俨然成为畲民的另一场盛大对歌会，以此实现自我娱乐，加强族人的联络，增进民族感情。

传说插花娘娘深知畲民的疾苦，对畲民祈求的所有心愿，都是有求必应，她成为畲族人民的保护女神。她自从上天做了神仙后，天天在天上巡游过往，忙于救苦救难，保佑百姓安康。正如畲歌《插花娘歌》中所唱：

姐妹出游云头中，救苦救难无闲空。
保佑天年做得好，保佑百姓无病痛。
作恶人子莫逍遥，良善人子唔使愁。
保佑郎垌六畜旺，保佑主家百灾消。
作恶人子莫（休得）逞凶，良善人子食唔穷。
保佑百姓人丁旺，保佑天年五谷丰。
郎乡垌主是有心，神娘亦会记着情，
百无禁忌运气好，兴家添财土变金。
凡间人子有心意，神灵亦会保佑你，
风调雨顺天年好，添福添寿添财气。[2]

松阳县象溪镇文化站工作人员蓝金生介绍了当地畲民插花娘娘信仰的情况。

插花娘娘，过去我们当地畲民对她非常崇拜。有不少人家自家供奉插花娘娘神像，有事以花占卜叩问吉凶祸福；每逢农历八月初八、八月十五，人们还会纷纷聚会盘歌以纪念插花娘娘。除此之外，大家都习惯去插花娘娘庙祭拜，都愿意走一两个小时山路到横岚山顶山坳处的插花娘娘庙去祭拜，由于这座庙是最正宗

[1] 浙江省少数民族志编委会：《浙江省少数民族志》，方志出版社 1999 年版，第 352 页。
[2] 雷阵鸣、雷招华：《畲族叙事歌集萃》，中国人事出版社 2002 年版，第 69 页。

心中的娘娘

的插花娘娘庙，所以大家认为它最灵验。这座庙是用土木搭建而成，面积不大，比较简陋，但香火很旺。庙里供奉着插花娘娘三姐妹，中间为插花娘娘，左边为大姐，右边为三妹，香炉里插满了山花绿枝。大家一般在每月初一、十五去插花娘娘庙祈福，遇到节日人会多一些，正月初一、十五去的人最多。插花娘娘是我们自己的神，她最能体会我们畲民的苦难，几乎都是有求必应。因此我们去的时候不需要带香烛等任何供品，只需要在去的路上采几枝山花或绿枝，到了庙里后，在插花娘娘神像前的香炉中插上山花或绿枝，以花为香，诚心向插花娘娘祈祷，祈求赐福保佑，保佑小孩健康成长，保佑家人无病无灾，保佑家庭平安顺畅等。在祈祷的时候，会唱山歌的人，还会唱几首崇敬女神、祈神护佑的山歌。每年12月份，有一些人还要以歌还愿。还愿的时候，在家里桌案摆上畲族妇女服装和首饰，并请一位善歌的男子与插花娘神附体的神童对歌一夜。最近几年，大家主要去插花娘娘庙里祭拜，但去的人数比以前少多了。正月里去的人稍微多点，老年人和妇女多点，去庙里主要是求插花娘娘保佑家人平安，平常去祭拜的多为婚后久不孕而去求子的夫妻。

松阳县板桥畲族乡后塘畲村法师蓝月林讲述他当插花娘娘师公的经历。

我今年73岁，小学毕业，我的法名叫龙仙洞。我23岁时跟祖父学问神、请鬼、过火焰山等属于武科的法术，27岁跟随雷法真师傅学做道场即做功德、念经，称之为文科的法术。我从1965年开始做插花娘娘师公，法术来源于插花娘娘神灵附体。我们这一带的畲民都信仰插花娘娘，一有病痛都来找我请插花娘娘治病，开方祛疾。过去附近的人都习惯请我到插花娘娘庙里去，作法求神以便得到插花娘娘的指点和帮助，路途远点的病人则慕名到我家来问神，云和县苏坑村、遂昌县、丽水市这些距离比较远的病人则请我去他们家问神。所以，以前我一年问神很多次，特别是1971年，我问神次数最多。

问神仪式简单。问神之前，简单地布置一下法坛，摆放一些贡品。接着唱畲歌请来插花娘娘神。唱完请神歌后，我便匍匐于法坛之上，片刻即作入睡状，发出模糊的、梦呓般的声音。插花娘娘便附体于我身上，插花娘娘“自叙”身世，之后，插花娘娘会向主家询问求神的具体内容或需要她解答的困惑，主家便向娘娘报上自己的姓名、年龄等个人基本资料，并诚心诚意地向插花娘娘表述求神的原因及所需得到的帮助。插花娘娘以唱畲歌的形式点明了主家病因，并赐予他灵药。主家见所问之难事得以插花娘娘指点、帮助和解决后，通常会向插花娘娘当即许愿。若事成之后，选一个好日子，请插花娘娘降临主家家里，主家还娘娘一夜山歌以做酬谢。仪式最后，我唱起送神歌，插花娘娘便离开了我。末了，我要在屋外烧纸钱，以示酬谢插花娘娘。

病人的很多病痛，经插花娘娘医治后，配上草药，病情就会好转或痊愈。但是有些病，经插花娘娘显灵指点后，若认为是病人失去了魂魄或被妖魔迷失了神智，这时候就要为他们施行“招魂”或“捉妖”的法术。20 世纪 70 年代初，云和有户人家，女儿在 21 岁那年生病，在学校读书时受惊吓，神志不清。吃饭时经常扔碗、砸东西，就是不要吃饭。经熟人介绍，女孩父亲慕名而来找我问神，我请来了插花娘娘，点明病人的病因，是因为男同学想强奸她，她受到惊吓后失去了魂魄，需要对她施行“招魂”法术。过了几天，女孩的父亲开车来接我去她家，我做了“招魂”的法术，把她的魂给招了回来，她的病就好了。宣平章子源村有个病人来问插花娘娘，娘娘回答说他被猴子精妖魔了，要“捉妖”。于是我请插花娘娘附体于我身上去“捉妖”。病人躺在床上，不能被他知道，否则妖怪跑掉了。在他的床上真的有一只猴子，衣服、被子上都有猴毛。我捉住猴子后把油、柴倒上去，将它烧死，病人就好了。

除了问神之外，一年中也有许多人来找我还愿。有些病人是治好了病后，为了感谢插花娘娘，或在问神的过程中许了愿，就会来找我还愿。比较多的是小孩拜插花娘娘为干娘的人家，父母许愿养到多少岁时“还娘娘一夜山歌”。以歌答谢的还愿仪式多在主家举行，一般在深夜十点后开始，次日凌晨鸡鸣时结束，十分隆重热闹，主家附近的亲朋好友都要过来帮忙，村里的人们都来观看。祭谢仪式中，我要请插花娘娘下凡附身后伏案歌唱，另请一位擅长唱山歌的男歌手代表主家与插花娘娘对歌，有时候我也会把插花娘娘的大姐和三妹都请下凡对歌，这时主家就需要请更多的歌手，每人对上一段时间。在举行还愿仪式之前，主家在堂屋用两张长桌设立插花娘娘香案，上供猪头、羊头、大公鸡，还有豆腐、米、酒、清茶等贡品，还必须有畲族妇女穿的花边衣，戴的头冠和银项圈、银戒指、银手镯等饰品。接着，歌手要唱畲歌邀请插花娘娘入坛，我请示插花娘娘，她同意后，要进行梳妆打扮，打扮好后来到主家，而后插花娘娘与歌手们对歌一夜，快到天亮时送走插花娘娘。

这几年找我问插花娘娘神的人少了。主要是现在大家有病都去医院治疗了，找我来问神的人比以前少多了。尽管少了，还是有人会来问，但是都被我拒绝了。自从前年我住进了现在在路边的这座新房，我担心问神一旦给别人看见，会认为我在搞迷信活动，并且我现在年龄大了，做法很吃力。因此，即使有人来请我，我都回绝了。我现在主要是做功德，经常有人请我去做。汉族人也请我去做，汉族叫道场。有钱人家做功德三天三夜，也有两天两夜，主要看主家有多少钱。至于请插花娘娘神的报酬，以前做问神仪式报酬较低，一般做一场仪式，主家付给一升米，现在主家多支付 100 多元钱。做功德 4 人才能做。1 人 160 元 1 天，3 天工夫。自己做头，再找 3 人一起做。

4. 巫术信仰

畲族是个敬畏鬼神、信奉巫术的民族。畲族普遍相信鬼魂，认为人世上的种种遭遇、生老病死、凶吉祸福都与鬼魂有关。与当地汉族相比，畲族更为笃信鬼魂。武义畲民最惧怕的鬼有勾人灵魂的山魈鬼，落水死亡的水河鬼，专门吊小孩灵魂的天吊鬼和非正常死亡而无下辈祭祀的伤亡鬼等。丽水地区畲乡较迷信的鬼有五通鬼、天吊鬼、伤亡鬼。其中五通鬼相传是天上佛子兄弟五人，因违反天庭法规被赶下凡转化为鬼。平阳畲民颇惧鬼，每逢疾病，不问医药，辄请族内术者捉鬼。如属厉鬼，则不敢捉而向之请求。[1]浙南畲族“俗借巫师驱鬼祟”。[2]

巫师实施的法术就是巫术。凡是崇尚巫鬼，专门致力于趋吉避凶的行为，都可视为巫术的范围。[3]所谓巫术，是指一种特殊的信仰或行为，人们相信自己可以通过一定的仪式，利用超自然的力量，去诱导甚至强迫自然界按照自己的意志行动。[4]它是由巫师或者与巫师有相同信仰的人所执行的一整套的技能和方法，其手段是由幻想和模仿组成的特殊仪式，其目的是控制外在的客观环境和想象中的灵鬼世界，以趋吉避凶，消灾祈福。

畲族的巫术主要包括问神占卜、祈福型巫术与驱邪除魔巫术。问神占卜有三。一是问神。如果病人几经卜卦“治疗”仍不见好，为了占卜病因的“准确性”，就会请师公降神探问清楚。“看病”的师公都是畲族男子，问神过程中，

[1] 许蟠云：《平阳畲民调查记》，转引自《浙江省少数民族志》，方志出版社 1999 年版，第 681 页。
[2]《处州府志》（光绪三年刊本）卷三十《艺文志下·诗篇》。
[3] 王玉德：《长江流域的巫文化》，湖北教育出版社 2005 年版，第 7 页。
[4] 童恩正：《中国古代的巫》，《中国社会科学》1995 年第 5 期。

师公自称有十四夫人，或法清，或马元帅等神附体，他所说的话便是 ×× 神说的话，“点明”病鬼是谁，用什么方法处置，等等。二是问凳架，用一根三枝树杈作脚，顶部为轴，套进一条有圆孔的四尺长的板凳，两男子坐两端，背靠背。旁人问：“鬼在 × 方，抬起马头三下。”若问对了，板凳上下点三次，若不是，板凳呼呼旋转。新中国成立前，武义县泽村乡、柳城镇的畲村都有这种做法，这种仪式经整理，现已成为畲族民间传统体育竞赛项目“稳凳”。三是问土地伯。二人单手持一只“八”字形状的树枝，尖部有二寸长的直钩，用来写字。点香烛，接神回来后，在一块木板上放上大米铺平，写出何种恶鬼。新中国成立前，畲民无钱看病，生病的起因、用药、治疗办法都是凭问神卜卦而定[1]，在一定程度上起到了治疗疾病的作用。

祈福型巫术包括祈雨、求嗣、求神做福等。历史上由于畲村生产条件恶劣，每年农历六月至八月间，若出现干旱天气、农作物不能正常生长时，生产力低下的畲村，往往会举行祈雨仪式。龙王职司云雨，对以农耕为主的畲族关系重大，为祈请一年四季风调雨顺，保佑农作物丰收，畲族有整套“请龙”求雨的仪式。祈求的对象是龙神，有象地龙、七步龙、官井龙等。决定求龙前，全村老幼先要斋戒、食素菜三天，然后由巫师与村里做法事的组织者到“龙潭”或“龙井”地方，请回“真龙”布雨。求“真龙”的队伍回到村里，就在宫庙中搭香案，再请来上界神、中界神、下界神，辅助龙王降雨。请龙的供品（福头）：所有请来的神，均为茶水 10 杯、酒 10 杯、果 5 种、菜 5 种。在法师施法期间，如真的降雨了，田间干旱得到缓解后，再用大三牲福礼答谢各路神明，随后全村也解除斋戒。[2] 该仪式强化了生产活动的顺利进行，使村落的群体在仪式中减少危机感。

驱邪除魔巫术包括渡关、请五通鬼、请山无常、放天吊、炼火等。畲俗有“男十六，女六十”之说。此说认为男子十岁、女子六十之间，均要过百日关、千日关、铁蛇关等三十六关。凡身患重病，久治不愈，皆以为是犯了“关煞”。犯“关煞”者需要请师公为其做法事渡关。渡关仪式按其规模大小可分为“大关”和“小关”两种。其仪式程序如下：过大关，师公少则三人，多则五人至六人。众师公于正午时，开始在正堂中央摆好两张八仙桌，中间留可过一人的空当，上架一纸扎“鬼门关”，上面有各路神明的画像。入夜时举行过关仪式。过关时，师公领头，病人由他们扶住，在龙角号声中

[1] 政协武义县文史资料委员会：《武义畲族史料》，2006 年，第 101 页。

[2] 缪品枚：《闽东畲族文化全书 · 民间信仰卷》，民族出版社 2009 年版，第 244 页。

穿过此门。凡过此门，均要过三十六次。每到关前，开路师公都要大声吆喝:“重关门开否？”这个时候立于关门旁的执锁师公便高声答道:“重关门重重开！”话音一落，龙角长鸣，鼓声锣音大作。“小关”的仪式程序，首先在堂中设一盛水的土罐，水上浮一酒杯，杯中置糯米蒸糕一块，上插剪纸小头像一枚。师公用龙角搅动清水，使杯顺势转动起来。此时，围观众人不得走动，待罐中酒杯停止，此时人面头像对准何人，此人须小心地将杯从罐中取出，放于堂前香火桌上。此为畲俗过“小关”的一种。尚另有一法是：在师公的主持下，让小孩从一横倒平放的饭甑中钻过。

请五通鬼。旧时，畲族民间对五通甚是敬畏。如有人突发急病，或肚子痛或头痛，就认为是五通作祟，所以要请五通鬼。请五通之前，要通过问卜得悉是哪方五通作祟，然后在野外路口朝哪方设香案请神。请五通的仪式照例由法师主持。供品要鸡、肉、豆腐等“三牲”，还要糯米做的甜麻雷五碗，红蛋（用红纸裹蛋壳而成）一碗，红轿（用破旧菜篮裹红纸而成）一顶，彩旗五面，纸做龙伞一把。仪式之初，法师一般要先请主家的祖宗神或法师本人崇祀之神保佑；接下来才开始请五通。法师好言相请，请来五通大享“酒宴”。随后，法师恭敬地用“红轿”送其上路。在这一过程中，须小心翼翼，不得冲撞冒犯。请毕，烧红轿、旗伞、纸钱等物，撤三牲供品，悄声而回。请五通时，不在家中设坛，否则五通送不出去。据说五通所附的农家的家什物件，外人不可借、拿。如有钱物来往，主家必先禀告五通神，否则将会“误怪”取物者。[1]

巫术活动作为一种仪式活动，它活动的过程就是它营造虚拟的情感世界的过程，参与者也正是通过营造这样一个虚拟的世界，来满足自己求福消灾的心愿。巫术不但满足个人机体的需要，而且是一种重要的文化功能，它促进了科学文化知识的传播，维护了社会关系，加强了社会凝聚力。

松阳县象溪镇村头村巫师（法师）蓝水根讲述了他做法 40 年的经历。

我今年 65 岁，法名法旺，20 多岁开始学习法术，我是家里的第 4 代师公，法术属于代代相传，我学的法术是由伯父传给我的。至今我做法已经有 40 多年。

我做的法术比较多的是过火焰山，又称炼火。畲俗认为精神失常者患了“犯妖病”，即有妖鬼附身。要驱走此附身之鬼需要请法师做炼火的法术，患者方能

[1] 邱国珍、姚周辉、赖施虬：《畲族民间文化》，商务印书馆 2006 年版，第 248—252 页。

驱邪除魔的巫术

安康。炼火仪式，照例是先设神坛拜神，然后在堂屋燃起几箩炭火，使之烧得通红。此时炼火神童（即法师）赤足跳上烈火，于其上狂舞。同时，病人也被推入其中，经受烈火的洗礼。待病人从烈火中跳出，围观者齐呼：“喔射！”事先请来的数名铳手朝病人的房间、天井，以及屋前屋后射击。神童及家人则在此喝声中，背着病人，踏着冲天铳声夺门而出，将病人送到亲友家中调养，直到康复，方归家。留下的人，则将炭火分作一小堆一小堆放在门口南北向的道路上。这个仪式能起到心理安慰的作用，增加了病人战胜疾病的信心和勇气，所以有时也会有一定的治疗效果。

去年和前年我去龙游做了十几场“过火焰山”。“过火焰山”除了家有病人需要做之外，有人搬新家要迁香火、菩萨庙开光也会请我去做，目的主要是为了求平安。后两者的“过火焰山”，主要是我踩炭火。在堂屋燃起几箩炭火，使之烧得通红。我身上只穿一条裤衩，赤足踏在燃烧的炭火上，手摇神铃，盘旋狂舞，要舞完正反三圈的规定动作。通红的炭火里面，一般放了较多的木炭，最多时放了 19 箩筐的木炭。当炭火很旺时，我要光脚踩过去，但脚一点儿都不会被烫伤。这个是真要有功夫，没功夫的人见到那么旺的炭火都要被吓死。即使穿鞋走上去，鞋也要被烧掉，但是我没事。我在脚踩炭火之前，用半碗水，字写在碗里，火燃起后，把水浇到火里，走上去就没事了。

做了这么多年的法术，我印象最深刻的是龙游灵山的菩萨开光。龙游灵山是个大村坊，该村有 4 座庙，庙的面积加在一起大概有好几千亩，半个村大。我去做过三次，每次都有新菩萨需要开光。菩萨开光要经过以下步骤：请菩萨、取龙水、开眼、踩炭火、谢神。其中，取龙水要从最高处的泉水找水，最少 5 个，一般 9 个，一共七八十斤，用塑料桶装水，取水回家，这些水可以用来治眼疾。

我做的法术中有些很灵验。有位患者喉咙被东西卡了，很疼。他到医院看病，医生让他拍片，他把片子拿给医生，医生看了片子，结合以前的治疗情况，建议他开刀做手术治疗。他不想动手术。经熟人介绍，找到了我，那时候，他已经连稀饭都无法吞咽了。我就拿了一个碗，里面盛了半碗水，并在那碗水上画个字，端给病人喝，那人喝了半碗水，半个小时之后，喉咙就不痛了。第二天早上，就已经能够吃油条和一些基本的食物了。后来喉咙就好了。

村里有个约 5 岁的小孩受到惊吓，夜里睡觉经常像做噩梦一样被惊醒，然后哭闹不止。民间认为是魂魄受怕脱体造成的，这时候，需要请法师来为小孩施法消惊，把小孩的魂魄召回体内，使之康复。他父母请我去为小孩收惊，我在小孩头上念咒语、画字后，小孩的病马上就好了。

法器

我家隔壁有个女孩，以前刚满月时生病，家人把她抱到靖居去看，没看好。后来找到我，我一看，只见女婴四肢痉挛，眼球上翻，一时知觉丧失，呼吸浅而不匀，原来是“犯了天吊鬼”，就是说她的灵魂被天上的天吊鬼吊走了。于是我就为她举行了一种古老的招魂仪式——放天吊。放天吊时，脱下病儿贴身内衣，用其包着铜尺、剪刀等物件；由患者的祖母或其他年长女子解下头绳一根，将它们捆在一根长长的竹竿上，竖在天井当中；在竿底放一盆清水，谓之“请上界”；香案设于天井旁边，上置三牲祭品、三碗白米、两个鸡蛋及一碗糯米水酒；竹竿旁搭好云梯，俗称 “通天梯”。一切准备就绪之后，身穿青色圆领长衫的我吹响“龙角”，开始招魂仪式。畲俗认为，野鬼害怕龙角号，所以这阵龙角号被称为“赶煞”。接着，我开始登梯求“申”问魂。所谓求“申”者，实际是一对铜质小杯进行占卜。畲俗没有“占卜”之称，而谓之“求教”。小铜杯又称“教杯”。教杯是畲俗巫事习俗当中的一件重要法器。畲族传统意识中，忌阴阳而好中，把教杯落地的三种可能分为三“教”：杯口一致朝上为“阳教”，杯口一致朝下为“阴教”，一上一下者为“申教”。畲俗以为凡求得“申教”即表明魂灵已归。最后，我将系于竹竿顶的衣物取下，托在胸前，口念咒语，举衣于香火之上来回旋转数次，然后将衣盖于病儿身上。此谓“还魂归身”。之后，过了两个多小时，小女孩病就好了，以后再也没有发作过。她长大后，出嫁时还送给我礼物以示感谢。

我做法事的报酬一般是由主家给多少就算多少，我不说。刚开始时，主家给两元、三元。后来稍微多点，一天一夜两个工，200 元。从前年开始，一天 500 元，做三天，共 1500 元。去年我做法事收入 18000 元，今年到 7 月 11 日为止，我做了 21 场，其中挑选日子 14 次，请鬼 3 次，约 7000 元。

VI

基于人性善的道德智慧与实践

做一个道德的人的根本在于对道德价值的正确认知、自主思考与自觉把握，这种认知与思考本身即构成生活的主色调，在需要做出行为决策与行动抉择的时候，无须为是否遵循规范以及遵循何种规范而纠结，道德的行动完全成为一种下意识的演绎。

1. 官德

畲族历史上涌现出了三位杰出人物：蓝理、蓝廷珍和蓝鼎元，均为福建漳浦人，而且同出一门，蓝理是蓝廷珍的族叔，蓝廷珍又是蓝鼎元的族兄。他们不仅是平台、筹台的英雄，而且也是畲族历史上为数不多的为官从政者。蓝理（1649—1720），字义甫，号义山，曾随施琅出征澎台，拖肠血战，建立首功，被授予参将，加左都督，后任浙江定海总兵、天津总兵、福建陆路提督，是收复台湾、统一祖国的历史名将。蓝廷珍（1663—1729），字荆璞，历任澎湖副将、南澳总兵。雍正元年任福建水师提督，加左都督衔。曾出师台湾，在台湾执政、守台治台 3 年，为台湾的治理和开发做出了贡献，是一位名副其实的治台名将。蓝鼎元（1680—1733），字玉霖，号鹿洲，出身书香门第，祖父、父亲都是当地有名望的儒士。他是一位著名的理学家，是清初儒学道南学派的代表性人物，主张学术上的经世致用。他协助蓝廷珍治理台湾，深入分析了台湾社会、政治、经济、地理、风俗和文化等方面的实际情况后，提出了对台湾进行综合治理的具体措施，并把治台的主张写成了《东征集》和《平台纪略》两本著作，成为当时和后来台湾官员的治台经典，也因此获得了“筹台宗匠”的美誉。他拔贡出身，先出任幕友，后任普宁、揭阳等知县知府，成了康雍之际颇有作为的官员和学者，被福建巡抚张伯行赞为“经世之良材”。[1] 他们为官之德、居官之道主要表现为忠君爱国、以民为本、勤于政事、为官唯公。

忠君爱国，这是他们为官的基本政治要求，也是最基本的官德。蓝鼎元有一种强烈的忠君思想，认为“吾有君，必极其忠敬，不论在朝在野，为臣为民，皆有一团忠爱，缠绵于寝食梦寐之间”，因此“去官是小，欺君事大”；反之“臣不知爱其君，不殚竭忠诚以亲爱于其君，尚得谓有人心哉”！[2] 蓝理从小就胸怀大志，常说：“丈夫不封侯拜相，非人也。”立志要报效祖国，为国出力。他身材魁梧，自幼习武，武艺高强，善追奔马，能拖着马尾使马倒行，刀、枪、矛、盾各种武器样样精通。他骁勇善战，勇猛无敌。康熙初年，蓝理杀了聚众抗清的卢质，期望得到朝廷的重用，哪知漳州府官员反而怀疑蓝理是卢质的同伙，将他投入大牢。清康熙十三年（1674），恰逢耿精忠起兵造反，蓝理被释放。耿精忠要蓝理为他效力，蓝理不从，他投奔奉命率军前来平剿叛军的康亲王，

[1] 赵尔巽：《清史稿》卷四七七，中华书局 1976 年版，转引自覃寿伟：《海洋视野下蓝鼎元的民本观》，《重庆工学院学报(社会科学)》2009 年第 12 期。

[2] 蓝鼎元：《鹿州全集》，厦门大学出版社 1995 年版，转引自王亚民：《蓝鼎元的伦理思想探微》，《吉林师范大学学报（人文社会科学版）》2009 年第 6 期。

松阳畲乡

景宁府前廊桥

陈述平闽策略，得到康亲王嘉许，命他随军作战，在温州大败叛将曾养性。康熙十五年（1676），蓝理被任命为松溪游击。其间，据守在台湾的郑经乘机参加三藩叛乱，威势很盛，清军将领颇多畏惧。蓝理审时度势，剿抚有方，并屡任先锋，战胜郑氏名将刘国轩、何佑。在清政府收复台湾的关键性战役——澎湖海战中，蓝理发挥了关键性的领导作用。康熙帝先后两次为他题写御书榜文："勇壮简易"和"所向无敌"。康熙二十二年（1683）六月十六日，施琅、蓝理率领水师攻打澎湖，在清舰队被大浪冲散、施琅眼睛被流矢击中的危急关头，蓝理大吼一声："将军勿忧，蓝理在此！"激战中，蓝理负伤十多处，腹破肠出，血透战袍。其身边的族人把他流出的肠子塞入腹中，并包扎伤口。次日总攻，蓝理不顾伤重，再次率舰出击，把施琅从搁浅的帅舰上救出来。随后又同众将士勇猛杀敌，终于取得了澎湖之战的巨大胜利，清王朝统一了台湾。蓝理因战功显赫，被授予参将，加左都督。康熙帝称赞他"血战破敌，功在首先"，并把他引见于皇太后，介绍说："此破肚将军也。"蓝理得此荣宠，一有面奏，便侃侃而谈，甚至"手舞足蹈"。康熙帝并不责怪，视之为"家人父子"，称赞他忠诚率直。[1] 在蓝理调任浙江定海总兵时，蓝廷珍前来投奔蓝理。蓝廷珍精明能干，有勇有谋，很快在军营中脱颖而出。康熙六十年（1721），台湾朱一贵起义，短短几天就几乎占领全岛。深谙台海形势的蓝廷珍率部从鹿耳门登陆，首战告捷，蓝廷珍迅速扩大战果，经过七天征战，便抓获朱一贵，一举控制了全岛的局势。台湾平定后，蓝廷珍受命治台。蓝鼎元为蓝廷珍治理台湾出谋献策，从治官、治军、治民、治"番"和治疆五个方面进行了治理。

以民为本，是为政之本。官民关系是政治生活中的主要关系，也是官德建设中的关键点。以民为本，做官为民是官德的价值支点。蓝鼎元继承并发展了传统的民本思想，提出了敬民，强调敬民、敬君、敬天的高度统一。"临民者当以敬为主。对庶民如对吾君，不期敬而敬至焉。为吾君抚字斯民，则敬民乃所以敬君，敬君即所以敬天。"[2] 他在任职期间始终以仁爱之心体察民情，为民着想，为民谋利。蓝鼎元倡导朝廷制定海疆政策应因地制宜，一切从民本出发。针对福建沿海人稠地少、以海为田的实际情况，反禁海禁运，倡海疆民利。广阔的海洋提供了便利的交通和丰富的物产，海疆民众自古就

[1] 王政尧：《清代"破肚将军"蓝理述论》，《清史研究》1996 年第 4 期。

[2] 蓝鼎元：《鹿州全集》，厦门大学出版社 1995 年版，转引自王亚民：《蓝鼎元的伦理思想探微》，《吉林师范大学学报（人文社会科学版）》2009 年第 6 期。

利用之，或以海为田，或泛舟番海，互通有无，以有余补不足。海洋的利用不仅于民可以谋生计，于国也可以裕课税，还可以促进海疆社会稳定。蓝鼎元十分重视对海洋的利用，认为此举乃海疆民计所系、民心所向，为此，他对朝廷禁南洋贸易的政策、禁止海运这种于国于民都不利的做法痛心疾首，并语重心长地说："天下利国利民之事，虽小必为，妨民病国之事，虽微必去。"[1]他大力呼吁朝廷，大开禁纲，为民解困，提倡海洋之利。他在考量海洋政策上，以民为本、为民代言、替民谋利的思想，在传统社会是难能可贵的。[2]以民为本还表现为除奸吏，抑豪民，保护小民的利益。蓝理赴任以后，捕治盗贼，遂及诸豪家。同时，他还关心民间疾苦，对那些欺压百姓者，不问亲疏，毫不留情，凡属亲信，则亲自惩处；如果事属胥吏土豪之流，则告之诸官，绳之以法。为了便利交通，他倡建江东大石桥，并带头捐金数万，还对那些不孝以及为富不仁者罚以重金补之，目的是劝孝悌、抑豪强、转移风化。蓝理的这些做法深得民心。[3]

勤于政事，也是官德的一个重要表现。在他们任职期间，做到在事以勤，在其位谋其政，勤政为民，并且有功绩。蓝理调任浙江定海总兵期间，根据沿海人民生计困难等状况，鼓励开垦荒田、修筑要道、兴修文庙、祭祀忠烈。对那些有真才实学而又家境贫寒的儒生，他必定给予照顾和扶植。由于他的治理，沿海地区"大有起色"。在天津任职时，针对该地区稻米不足的现状，他决心修建水田，种植水稻。他亲自带领士兵，在天津城南五里的地区，克服各种困难，开垦水田 150 余顷，民谓之"蓝田"，它的四周则叫作蓝田庄。此外，在周围数十里的河渠圩岸，蓝理还"尝召闽、浙农人督课其间"，当时的人都称这儿为"小江南"。他开河造田、种植水稻的举措得到了康熙帝的赞赏。[4]蓝廷珍在台湾执政期间，推行保甲制度，在台湾、凤山、诸罗等县设大乡总 4 名，乡长 26 名。实行团练制度，每县各练乡壮 500 名；县丞巡检各练乡壮 300 人。实行农忙务农，农闲训练，战时配合军队作战的方针。这一措施对保卫台湾的安全，促进台湾社会的安定和发展起了重要作用。他还率领所辖官兵进驻台中盆地，建立基地，并从家乡漳州移来大批乡民，亲自组织指挥实施这场台湾历史上规模最大、影响深远的官军屯垦荒，并设置"蓝兴堡"，从而推动了整个台中盆地的全面开发，直到清末，其势未减，有力

[1] 蓝鼎元：《鹿州全集》，厦门大学出版社 1995 年版，第 55 页。

[2] 覃寿伟：《海洋视野下蓝鼎元的民本观》，《重庆工学院学报（社会科学）》2009 年第 12 期。

[3] 王政尧：《清代"破肚将军"蓝理述论》，《清史研究》1996 年第 4 期。

[4] 同上。

中央红军在畲族民众中（油画）

中华畲族宫

地促进了台湾的开发和建设。[1] 作为潮州、普宁两县的“父母官”，蓝鼎元主要从社会控制与社会教化两方面着手对社会进行了颇有成效的治理。针对当地实际情况，通过驾驭吏役与约保、废除渔船例金与解决粮食问题、压制豪强势力与控制地方、惩治盗贼与维护治安、平息民间争斗与关注弱势群体、究治讼师与息讼安民、压制乡村信仰与掌控民众、治理图赖之俗与社会犯罪网络的解体八个方面的艰辛努力，蓝鼎元改变了长期以来官府对地方社会的治理力不从心的局面，实现了对潮、普地区的控制。与此同时，他非常重视社会教化，并加以大力推行。教化内部包括言传身教、司法宣教、学校教育、士绅与妇女的教化四方面。在治理潮、普乡村的艰辛岁月里，蓝鼎元可谓兢兢业业，鞠躬尽瘁！“黎明视事，漏下二三鼓而后退食；又词状簿书，不肯假手他人，鸡六鸣而后就寝，东方微白复起视事。如是者一载有余，无一日一时之间断。地方宁静，治绩甫成，又有战船、炮台、城垣、营房、西谷之大累，心血俱竭。”如此努力之下，社会出现了大治的局面，“未两月而普邑大治。当道以先生为才，俾兼潮篆。潮邑已臻大治，夜户弗扃，民有仁让之俗”[2]。

为官唯公是为政的最高原则，也是衡量官德的重要标尺。官员的成功与否不在于职位的高低，而在于是否做到大公无私，公正公平。要求官员不仅要考虑个人的得失荣辱，而且要把朝廷的利益放在首位。因为“政者，正也。为政之道，莫若至公”[3]。 为官唯公是他们在任职期间一直所遵循的理念，“居官处事，唯公唯明，唯正唯直。居官无惭于民庶，虽降革，犹升迁也”[4]。为了朝廷的利益，甚至把个人的生死荣辱置之度外。知县蓝鼎元大刀阔斧地进行了整顿，社会得到了良好的控制，地方社会达到了治世的境界，他因此成了清代能够对潮、普两县进行有效治理的为数不多的县太爷之一。但是政绩卓著的知县蓝鼎元突然间被免职入狱，主要原因一方面在于他秉公办案，与臬司激烈顶撞，办案严厉，乃至道台心腹范巡检被其免去官职，得罪了两位顶头上司——臬司与惠潮道台。另一方面因他为官唯公的理念和政治经验的缺乏，并且对地方势力进行了过多的打击，加上地方监察制度的弊端，尤其是监察官员执行中的营私舞弊，这一制度有时成为“惩治”一些名宦的政治工具，这一切都决定了蓝鼎元被免职入狱事件的发生。经过地方势力之间的反复较量，蓝案历经四年最终被平反。之后，这位名宦重新步入仕途，遗

[1] 朱火星：《蓝廷珍与台中“蓝兴堡”的开发建设》，《台声》2000 年第 4 期。
[2] 王亚民：《海疆知县蓝鼎元的乡村治理研究》，厦门大学博士学位论文 2007 年，第 42—74 页。
[3] 冯会明、刘佩芝：《朱熹“官德”思想述论》，《中共福建省委党校学报》2012 年第 6 期。
[4] 蓝鼎元：《鹿州全集》，厦门大学出版社 1995 年版，第 510 页。

憾的是不久即病逝于任上。[1] 蓝理为了朝廷的利益，痛打索贿的官员而得罪了上司遭诬陷被革职。1678 年蓝理任灌口参将时，灌口地处要冲，因清、郑战事频繁，物资供应任务繁重。当时，福建总督姚启圣驻扎漳州，经常派人到这里办理军需等事，这些人仰仗姚启圣的势力，不断向蓝理索取贿赂。对此，蓝理非常痛恨，他不仅严词拒绝，同时，还将他们一一痛打。这些人怀恨在心，诬告蓝理，不久，姚启圣命蓝理分兵守高浦，蓝理拒绝。于是，姚启圣便以“虚兵冒饷”之罪劾奏，康熙帝将蓝理革职。就在这时，蓝理部下的一名士兵因误伤人命被定为死罪，蓝理看到他上有老母，下无兄弟，便毅然代其受杀人之罪，再次入狱。蓝理这种刚正不阿和体恤下属的优良品格值得敬佩。不仅如此，蓝理因为民谋利而得罪了土豪贪吏遭到诬陷和疏劾差点被问斩。蓝理在福建任职的六年间，打击土豪贪吏，为民除害的行为得罪了当地的土豪劣绅，这些人暗通总督巡抚，伺机报复。其间正逢陈五显起义，康熙帝怒斥蓝理剿抚不利，将他革职。总督巡抚乘机疏劾蓝理“贪婪酷虐，流毒士民”。蓝理蒙受这不白之冤，又被革职拿问，知道辩也无用，在受审时说“皆实”。此后，会审诸臣奏请立斩时，康熙帝指出了蓝理奋战澎湖之功，命从宽免死，来京入旗。[2]

曾任宁德地委副书记、宁德市人大常委会主任，现任宁德市关工委主任的钟雷兴谈了他的从政经历。

在我的人生中，雷锋对我的影响非常大。1963 年，我 18 岁，在八都公社当一名通讯员。3 月 5 日，毛泽东题写了“向雷锋同志学习”，全国掀起了学习雷锋的热潮。我特别喜欢雷锋的故事，那种发自内心的崇敬和仰慕，不亚于现在的“追星族”。雷锋精神综合起来就是“钉子”精神、爱憎分明、艰苦朴素、助人为乐、全心全意为人民服务的精神，这种精神使我终身受益。从我学习雷锋精神的那一天起，我就告诫自己要好好学习，树立永远为人民服务的信念。学习雷锋使我认识到，一个平凡的人应该如何在平凡的岗位上做出他应有的贡献，从而创造出自己不平凡的业绩。

2005 年 4 月的一天，在党员领导干部民主生活会上，我谈了自己学习党员先进性教育的感受：党员的先进性是党员的最大特色，表现在平凡岗位见先进，关键时刻见先进，生死关头见先进，离开了先进性就不是一个合格的共产党员。

[1] 王亚民、王东明：《知县蓝鼎元入狱事件探微》，《韩山师范学院学报》2012 年第 1 期。
[2] 王政尧：《清代“破肚将军”蓝理述论》，《清史研究》1996 年第 4 期。

宁德关工委主任钟雷兴

民之所向

保持共产党员的先进性必须从自己做起，从现在做起，从每一件具体和细微的事情做起。要以共产党员队伍中的模范先进人物为镜，鞭策、鼓励自己，永葆共产党员的政治本色。

历史给了我一次次机缘，让我走上了领导岗位，但我不能忘了我的本。我知道在闽东这块土地上，我所做的事不仅要对得起自己，更要对得起这方土地上的人民。1977 年 3 月，组织上决定让我到宁德县焦城公社担任副书记，这是我第一次当领导，也是党组织对一个少数民族干部的信任。有了职务就意味着肩上有了责任，我必须要尽职尽责地完成好各项工作，努力为人民群众多干实事。1978 年 11 月，我担任宁德县金涵公社党委书记，作为“一把手”，在工作中许多事情就要自己去独当一面，这就要求领导者对人对事都要有一个独到的见解和原则。在任职期间，我除了继续加强学习之外，同两委成员一道，大念“山海经”，千方百计帮助农村脱贫致富，同心协力，推进金涵的发展。在基础设施建设方面，我主要是决策指挥金涵大桥的建设；在发展经济方面，组织开辟上金贝茶园、创办里占果场，努力推进金涵经济社会事业发展。金溪大桥的建设是为当地群众办的最大的实事，当时，金涵公社通向宁德县城要经过金溪走石踏板路。在我到任前，就曾出现过多次因洪水来袭冲走人的事件。不仅如此，一旦发大水，金涵通往县城的通道就被切断，给群众生产生活造成了极大不便。群众的呼声、发展的压力给了我们很大的动力，也给了县里领导决心。经过县、乡两级班子的研究决定，在金溪上架一座高标准的、能够防御大洪水的桥梁。大桥施工时，大家同心协力，一年后，大桥正式通车。近 30 年，这座桥一直是乡里通往县城的主要通道。交通的变化，只是为经济发展创造了一些必要的条件。要改变金涵落后的面貌，还要努力发展集体经济。根据土质情况，组织确定在里占村附近的山坡上开发一个柑橘场，在上金贝村兴办茶场，主要通过发动群众投工投劳的办法进行。多年来，柑橘场和茶场为社会创造了不少财富。

1983 年 12 月，我当选为县长，任县委副书记、政府党组书记。我认识到自己从深山里走出来，是党培养了我，是人民哺育了我，是老干部帮助了我，是群众信任了我，才让我走上今天这样重要的岗位。我深知这个岗位之重要，责任之重大。我坚定了信念，要负起重大责任，把经济搞上去，摆脱贫困。闽东可以依托山海优势，大念“山海经”。当时农村主要是发展蘑菇、茶叶和长毛兔，这些都惠及百姓。我自己感到自豪的是，我在任县长期间，在三都澳开发上做过的一点努力。我为推进三都澳开放的事，主要是先物色了一些经济人才。把闽东电机厂的谢忠辉调任县经委副主任，组织谢忠辉为组长的经委一班人，成立了一个专门的调研组，对三都澳开发开放前期工作做一个较为深入的专题调研，并拨付一笔资金作为小组研发技术班子的启动资金。这个调研组不仅掌握了三都澳地理位置、区域特点等翔实的基础资料，谢忠辉还撰写了《三都澳论》，对研究三都澳经济开发起到指导和借鉴作用。他们还提出建设三都澳火力发电站及配套22万伏输电工程等一批以三都澳为中心的构想思路，完成了这些工程航测、选址等前期基础工作。对三都澳的改革开放，我一如既往地关注着，即使后来调到市人大常委会主任岗位上，提出的代表建议也是力求三都澳的开放步伐加快这个课题。1993年，经国务院批准，三都澳作为国家一类口岸对外国籍船舶开放，三都澳开放终于从一个概念变成了事实。在发展经济上，还做了一些有益的探索，也取得了一定成效。此外，我还着力于改善城市环境、交通设施等基础建设。

我在宁德县长职位上的工作思路和方法有着自己独有的见解。那时候，许多工作还是以计划经济时代的模式进行。比如批生产资料、工程项目配额等，再比如人事调动等。作为县长，在这些事上完全可以做到“大权独揽”，但是，我在县长职位上那些年，我决定权力分散、分工负责，县长不直接批钱批物，这样就不会让自己太纠缠于其中而束缚了臂膀。我一直认为，什么东西都自己一人独揽，那样不仅工作做不好，也是很容易出问题的。

在县政府工作上，我想得最多的问题是如何发挥各成员的作用，属于谁的任务，就由谁来负责。这样由集体来行使政府职权，能够很好地发扬民主作风，激发大家的工作热情，也不容易出事，关键是最后不会让老百姓吃亏。为了有一个良好的工作环境，我在任县长期间，我没有住常委楼。我的家属、子女来自农村，我担心在那楼里住时间长了，会生出一些是非来，会间接影响到领导之间的关系。因此我在很长时间都住在外面简易房，直到后来县政府分到两套房子，我才住进一套70平方米的房子。

那时宁德机关工作条件有限，整个政府机关只有面包车和吉普车这两部公务车。很多干部下乡都自己坐客车去。我任县长时，也没有配秘书，大小事务自己处理，一些材料需要收集时，就让办公室统一办理，下乡时就和办公室或部门的同志一起去。就是在这样的条件下，大家都保持着艰苦奋斗的作风，工作的气氛十分融洽。

有一种东西已经深深地嵌在了我的思想里，那就是，如果放松自己的“勤廉之弦”，那是迟早要出事的。在“勤”与“廉”这两个问题上，不能只捡一个，丢弃另一个，这样会让自己处于被动的境地。我在宁德任职期间，我一直以“勤、廉”两字来约束自己。说起来也许有很多人不相信，那时风气很正，我任县长期间，没见过有人给我送过一个红包或是其他什么东西。

2. 医德

在畲族地区有许多民间医生，这些民间医生大都为草药医生，用草药治病救人，俗称畲医。民国时期，闽东地区有畲族草医 150 余人。中华人民共和国成立后，除少数畲医被吸收到卫生院（所）工作外，大多数仍散处民间行医。[1] 据不完全统计，浙江省有畲族土郎中 100 余名。[2] 这支遍布畲乡、深入农户的民间医疗队伍，在行医中遵循生命至重、一心赴救，一视同仁、重义轻利等原则，在诊治、审脉、给药各个环节均审慎而得当，解救他人疾苦，给他人带来了健康，彰显了“仁爱救人，赤诚济世”的高尚情操，体现了中华民族固有的传统爱心、同情怜悯心和人道主义美德，因而备受他人的尊敬和爱戴。

畲族民间医生具有以下特点：第一，精于医术。畲族大多数住在山区，生活贫困，缺医少药。畲民逐渐学会利用当地的草药资源，就地采集，就地医病。几百年来，积累了宝贵的经验。丽水市畲医蓝马元专治儿科 80 余年，诊治过小儿成千上万。民国 8 年（1919），武村一财主小儿患“痉挛病”，曾进城请过 7 位“坐轿医师”，诊治无效，后经马元用药 6 帖痊愈。从此，附近乡村开始流传“草鞋郎中胜坐轿医师”的佳话。碧湖街汤家一人得“紧疯病”，住院治疗无效，被送进太平间，马元赶来用药抢救，连服草药 12 帖，疾病痊愈，被人们誉为“神医妙药”。畲医蓝贤翠擅长妇儿科，治病多用草药、针灸、拔罐。行医近 60 年，治愈妇女儿童不计其数，抢救难产数百例，被群众誉为畲家“救命婆婆”。最绝的是她看病“一眼准”，用药对症恰到好处，病人好得快。她在治“七日风”、小儿感冒方面有自己独特的方法。治“七日风”的时候，一般会先用手指将患儿的食指刮一刮，这时患儿的食指会出现一条黑色的经脉。这黑色经脉越短、颜色越淡表示病越轻，如果黑色经脉越过了食指的第二节，颜色越黑就表示病越重，不容易治了。判断小儿感冒的轻重程度也有独特的方法。拿一小竹筒，里面灌满了米粒，再用红布将竹筒的口包好，然后在手边挂一面小镜子，将上述这两样东西放在小孩的头顶上方，一边念念有词，一边围着头顶转，过一会，等词念完，就将红布打开，观察竹筒里米粒的情况，如果米粒排列有横有斜，表示病还不太严重，如果

[1] 邱国珍、赖施虬：《畲族医药民俗述论》，《中央民族大学学报》2003 年第 6 期。
[2] 浙江省少数民族编纂委员会:《浙江省少数民族志》, 方志出版社 1999 年版, 第 314 页。

米粒全都竖起来，就表示病情很严重。[1]平阳畲医雷大启用草药专治蛇伤，无不药到病除。顺溪苏山一妇女，左手受毒蛇气感染，手腕肿如米臼槌，有截肢之危，经大启用药后，只需几十分钟，病者肿痛消除，第二天就能干家务，群众称他为“蛇医仙”。遂昌畲医雷明生专治肝炎，治愈400多人。松阳畲医蓝林妹、平阳畲医雷盛读擅长治疗眼疾，云和畲医蓝树明专治癫痫，丽水畲医蓝章土擅长治疗中风、关节炎等疾病，云和畲医蓝水坤擅长草药接骨等。可见，畲族民间医术在内科、外科、骨科、眼科等常见病方面都有独特的方式和疗效。畲医诊断病情以望诊和问诊为主，因受中医诊断方法的影响，也重视切脉和运用四诊八纲进行辨证治病。在疾病分类、命名和治疗等方面，都富有民族特色。龙泉畲医雷瑞明以中草药为民治疗，为了获得高超的技艺，在研究草药性味时，以“神农尝百草”的精神，亲口品尝100多味中草药，多次发生中毒，自行解救，认识580多种中草药，擅长以中草药医治骨膜炎，扬名当地。[2]

第二，医行仁爱，一心赴救。“仁”的实质就是爱，是普遍的生命关怀。这种对生命的感情与医学的要求天然契合。在医学领域，怀着对生命真诚的关爱和维护之情来行医施治是第一原则。其最根本原因在于“医乃仁术”。医乃仁术的“仁”是指“仁心”，作为职业道德原则的仁和作为德的仁，都是在仁心基础上的社会化实践。一般而言的仁心，具体到医事活动中就是活人之心。明代徐春甫在《古今医统大全》中说：“医以活人为心，故曰医乃仁术。”医事是医业和医术的基础。医事活动事关人的健康、生死，活人之心、对人的关爱之心就是仁心在这一活动中的最好体现。作为医家只有具有活人之心才会体恤病家之苦痛，生一心赴救之念，从而不惧风雨、风险，一视同仁、尽心救治，这是仁心在医事活动中的具体表现。畲医无不怀着仁爱、慈悲之心行医施治，甚至乐善好施，以拔苦去乐为己任。高舒村有一病婴，被弃于村口灰铺，畲医蓝贤翠路过时有人告诉她婴儿还是有气的，她立即抱回用药救活。有一年，柳城有一对夫妇抱着孩子坐在公路树荫底下啼哭，蓝贤翠进县城买东西，出于职业敏感，她询问事由，这对夫妇告诉她，他们先前已经生了两胎，都死在月子里，这是第三胎，女婴才六天，得了重症，医院都无法医治。他们刚从医院回来，孩子现已快断气了，说完就大哭起来。蓝贤翠抱过婴儿，仔细察看，觉得还能抢救，于是打开随身药包，取出灯芯，在婴

[1] 朱丹：《畲族妇女口述史研究》，浙江工商大学出版社2010年版，第104页。

[2] 浙江省少数民族编纂委员会：《浙江省少数民族志》，方志出版社1999年版，第315页。

儿头、肩、臂、肚等穴位照火，婴儿大声啼哭，汗湿全身，过了一会，呼吸顺畅，能吮吸奶汁。[1]景宁畲医钟金钗在1936年到1937年的两年时间里，凭着自己娴熟的医术、坚韧的性格、勇敢的心智和仁慈的爱心，在敌人的眼皮底下，利用自己熟悉地形这一优势，冒着生命危险，先后在村前屋后不同的地方治愈了40多位红军。钟金钗第一次医治红军的情况大致是这样：那是一天傍晚，在山上采了一天草药的钟金钗回家时路过一个番薯寮（当地土筑的矮泥房），听到里面有人呻吟。她走进去看到一名红军战士，他受伤非常严重，肠子被子弹打穿流出体外，几个伤口都很大，因没及时处理，在不停地流血……钟金钗毫不犹豫地取来清水，撕下布条，取出草药，用嘴嚼药，为这位战士处理伤口。当她为战士处理好伤口后，觉得给这名战士送点吃的是最重要的。于是她立即赶回家，煮了一锅饭，炖了一只野兔。等到天黑，就火速地给这名战士送去。来到番薯寮，钟金钗一口一勺地喂他吃……前后8天，钟金钗每天都这样悄悄地来到番薯寮为这名红军战士换药、喂饭。可这名战士的伤势实在太严重，最后还是不幸牺牲了。钟金钗忍着悲伤，在一座大山的深处掩埋了这名战士，并在坟前默默地为他致哀。[2]

第三，利济存心，重义轻利。畲医在义利观上都淡泊名利，清廉淳朴，对病人充满爱心、怜悯心，对所有的病人都一视同仁。畲医看待“医”业重点不在“业”，最根本的观念是“医乃仁术”。在医事活动中寄托着自己爱人、救人济世的志向和追求。他们能够以热爱生命的情感推己及人，视解除患者痛苦为自己的行医目的。在具体操作中，以患者利益为重，以欺诈患者为耻；尊重患者的人格尊严，不做损害患者利益的事情。畲医大部分时间主要还是从事农业活动，有病人上门求医时，才进行医治。由于畲民的经济收入较低，贫苦的畲民在医院看不起病，有病经常来找畲医求医问药。而畲医从不计报酬，看病后开药方，让患者去抓药。有的甚至赠予草药。景宁畲医钟金钗就经常免费给乡邻们看病。出于感激也出于尊敬，当地所有的乡亲都亲切地称呼她为“医药婆”。找畲医蓝贤翠看病的大多是贫苦的农民，有的路途遥远，她从不推辞，有求必应，也不计较报酬，有时还免费招待求医者的膳宿。[3]畲医与患者交往时不仅不图利，而且强调对穷困患者还应该尽力帮扶。1964年冬，

[1] 朱丹：《畲族妇女口述史研究》，浙江工商大学出版社2010年版，第106页。

[2] 任迎春：《她先后医治过40多位红军战士——追记景宁民间畲医钟金钗》，《丽水日报》，2007年3月16日，第7版。

[3] 朱丹：《畲族妇女口述史研究》，浙江工商大学出版社2010年版，第107页。

睦源乡东坑一农民，双目生疔，其家境贫困，雷盛读给予其免费医治，只花半小时，农民双目就焕发了光彩。雷盛读几十年来，治眼疾不辞辛劳，不计报酬，当地群众称他为眼疾妙手神医。[1]

云和县城蓝余兴医生讲述了自己行医的事情。

我 1967 年出生，在云和县城办了个“蓝余兴骨科诊所”。该诊所面积不大，有 3 间房，其中一间是看病的，一间是动小手术的手术室，还有楼上一间是注射室。我主要是运用畲族医药治疗闭合性、开放性骨折，关节脱位、软组织挫伤、急慢性骨髓炎、创口溃疡久治不愈、关节痛、痛风、关节炎、骨质增生、颈椎病、肩周炎、腰椎间盘突出症、坐骨神经痛等疾病。

我父亲蓝水坤，行医 20 多年，擅长草药接骨，治愈 100 多人。我们家的医学知识来自伯父的外婆祖传，伯父的外婆传给伯父，伯父在粮管所工作退休后在丽水开诊所两年。伯父的舅舅也是医生，外公外婆做伤科，伯父很感兴趣，就跟外公、外婆学习看病、接骨。伯父再把技艺传给父亲。自打我记事起，村里就有很多人找父亲接骨、治疗急性肝炎，父亲一一看后配药。

1993 年，我从云和卫校毕业后开始了乡村医生的生涯。3 年后，再读全科医生，到丽水的卫校进修。乡村医生考了后就有医师资格证，可以开设诊所。1996 年，我在云和镇黄光路上开设诊所，面积有 50—60 平方米，主要看骨伤科。1998 年，经批准办了个“蓝余兴骨科诊所”。我现在已经拿到了大专文凭，是杭州医科高等专科学校的临床医学专业。我的执业证考到了执业助理，正在考执业医师资格证。1999 年我到南京新中医研究院进修 1 个月。2002 年到杭州空军医院肛肠科进修。

我行医 20 多年，治愈的病人很多，用自己的特长治好的病人至少有 7000—8000 多人。我最擅长治疗骨髓炎和骨折的病人。对骨髓炎这种病，医院采用开刀住院，有些病人到别的医生那里或在医院看过后，效果不好，才慕名到我这里来，我能用中草药治好这个病。1998 年 6 月，安溪乡有个蓝姓病人右手患腕关节骨髓炎。当时她在乡下的卫生院看过，配了药，用药 20 多天没好，到本地医院住院 40—50 天，还不好，后来找我看病。当时到我这里看病时，腕关节内的骨骼烂得很厉害，用药 40 多天后痊愈。10 多年后，病人到我这里，我问了她的情况，得知可以干活，但关节僵硬，这主要是因为患者骨头已经烂得很厉害，患病的时间太长，耽误了最佳的治疗时机。武洋有个蓝姓病人手被蛇咬伤，他先找

[1] 浙江省少数民族编纂委员会：《浙江省少数民族志》，方志出版社 1999 年版，第 315 页。

其他人看过，之后才来找我，当时手前臂烂了没办法只好砍掉。两个月后来我这里看病，X 光片拍出骨头全坏，肘关节 10—20 公分的骨头破碎，已经患骨髓炎，用中草药包扎 1 个月后病愈，多年后都很好。

对于开放性骨折，我多采用保守性治疗治好了病人。大处村有一蓝姓病人右脚患三踝开放性骨折。他是喝醉酒后骑车遇车祸受伤，当时骨折严重，到医院治疗需动手术，患者没钱到我这里来看病。我采用保守性治疗，先复位，后外固定，再用中草药，两个月后其功能基本恢复。闭合性骨折用草药也能达到提前愈合的效果。一般在医院要两个月才会好，到我这儿用中药 40 多天可达到临床愈合的效果。现在我采用保守性治疗治好的病人都是一些不太严重的骨科病人。

有个病人在鱼塘被陶瓷片割伤致使跟腱断裂，在当地医院缝合 20 多天感染了，医院要求动手术，否则会残废。病人找到我这里来，用草药加上膏药，3 个月就治好了。现在走路一切正常。

我对每个病人，态度都很好，而且收取费用较低。来我这里的病人，都能感受到最温馨体贴的服务，因此我在病人当中的口碑很好。我从不需要宣传，经常有熟悉或陌生的病人来找我。遇到病人没钱的时候，就记账，看好病后再给钱。有的病人病愈后还没给钱，我也不计较，病人就送给我鸡、鸭等礼物表示感谢。

我最想做的事情是成立一个畲族医药研究所，收集、开发畲族医药。现在政府有政策，就想静下心来，跟一些有一定医学知识的人在一起成立一个畲族医药研究所。畲族民间有许多医方、偏方、秘方，很多即将失传。懂得秘方的人年纪很大了，一般不传给外人，但自家人不感兴趣，于是面临失传的危险。因此我想收集、整理这些东西，然后进行记录。

我还开发了畲族医药，针对治疗骨髓炎的草药进行加工、推广。目前，我把家里的草药加工，制成膏药，用于骨折，给很多病人用过，病人反映很好。用畲族药粉治疗久治不愈的创口效果很好，一般大医院，像无皮就要植皮，而畲族就可以用草药促使愈合，1 个星期到 20 多天就会愈合。有个病人十指被链条撕破，裸露出指头，西医的处理方法是缝合，我们用中草药包扎就会愈合。

畲族老农

参考文献

[1] 蔡元培. 中国伦理学史 [M]. 北京：商务印书馆，1999.

[2] 张岱年. 中国伦理思想研究 [M]. 南京：江苏教育出版社，2005.

[3] 罗国杰，马博宣，余进. 伦理学教程 [M]. 北京：中国人民大学出版社，1985.

[4] 陈瑛. 中国古代道德生活史 [M]. 北京：中国社会科学出版社，2012.

[5] 唐凯麟. 中华民族道德生活史研究 [M]. 北京：金城出版社，2008.

[6] 万俊人. 寻求普世伦理 [M]. 北京：商务印书馆，2000.

[7] 李彬. 走出道德困境——社会转型期的道德生活研究 [M]. 长沙：湖南师范大学出版社，2011.

[8] 龚爱林. 变革中的道德：当前我国伦理道德发展的变化、问题及对策研究 [M]. 长沙：湖南教育出版社，2000.

[9] 贺金瑞，熊坤新，苏日娜. 民族伦理学通论 [M]. 北京：中央民族大学出版社，2007.

[10] 刘智峰. 道德中国：当代中国道德伦理的深重忧思 [M]. 北京：中国社会科学出版社，2001.

[11] 陈泽环. 道德结构与伦理学 [M]. 上海：上海人民出版社，2009.

[12] 罗尔斯顿. 环境伦理学 [M]. 北京：中国社会科学出版社，2000.

[13] 柴文华，杨辉，康宇，等. 中国现代道德伦理研究 [M]. 北京：社会科学文献出版社，2011.

[14] 熊坤新. 民族伦理学 [M]. 北京：中央民族大学出版社，1997.

[15] 周兴茂. 土家族的传统伦理道德与现代转型 [M]. 北京：中央民族大学出版社，1999.

[16] 余谋昌．生态伦理学——从理论走向实践 [M]．北京：首都师范大学出版社，1999.

[17] 温莜．环境正义论 [M]．上海：上海人民出版社，2007.

[18] 加德纳·墨菲，约瑟夫·柯瓦奇．近代心理学历史导引 [M]．林方，王景和，译．北京：商务印书馆，1980.

[19] 马克斯·韦伯．韦伯作品集 V——中国的宗教、宗教与世界 [M]．康乐，简惠美译，桂林：广西师范大学出版社，2004.

[20] 杨宽．战国史 [M]．上海：上海人民出版社，1955.

[21] 沈其新．图腾文化故事百则 [M]．长沙：湖南出版社，1991.

[22] 范晔．后汉书 [M]．北京：中华书局，1965.

[23] 王玉德．长江流域的巫文化 [M]．武汉：湖北教育出版社，2005.

[24] 蓝炯喜．畲民家族文化 [M]．福州：福建人民出版社，2002.

[25] 蒋炳钊．畲族史稿 [M]．厦门：厦门大学出版社，1988.

[26] 尹绍亭．人与森林——生态人类学视野中的刀耕火种 [M]．昆明：云南教育出版社，2000.

[27] 刘克庄．后村先生大全集 [M]．成都：四川大学出版社，2008.

[28] 文天祥．文山先生全集 [M]．上海：上海书店出版社，1989.

[29] 王逍．走向市场：一个浙南畲放村落的经济变迁图像 [M]．北京：中国社会科学出版社，2010.

[30] 福建省编写组．畲族社会历史调查 [M]．福州：福建人民出版社，1986.

[31] 浙江省少数民族志编纂委员会．浙江省少数民族志 [M]．北京：方志出版社，1999.

[32] 吕立汉，施强．浙江畲族民间文献资料总目提要 [M]．北京：民族出版社，2012.

[33] 吕立汉．丽水畲族古籍总目提要 [M]．北京：民族出版社，2011.

[34] 颜素开．闵东畲族文化全书·民俗卷 [M]．北京：民族出版社，2009.

[35] 梅松华．畲族饮食文化 [M]．北京：学苑出版社，2010.

[36] 雷志华，蓝兴发，钟昌尧，等．闵东畲族文化全书·歌言卷 [M]．北京：民族出版社，2009.

[37] 钟伏龙，林华峰，颜素开，等．闵东畲族文化全书·民间故事卷 [M]．北京：民族出版社，2009.

[38] 金华市委统战部，金华市民宗局. 金华畲族（送审稿）[Z]. 金华，2009.

[39] 丽水学院畲族文化研究所，浙江省畲族文化研究会. 畲族文化研究论丛 [M]. 北京：中央民族大学出版社，2007.

[40] 中国人民政治协商会议浙江省苍南县委员会，文史资料委员会. 畲族回族专辑（第 17 辑）[Z]. 苍南，2002.

[41] 中共云和县委统战部，云和县人民政府民族科. 云和县畲族志（草稿）[Z]. 云和，1993.

[42] 缪品枚. 闽东畲族文化全书·民间信仰卷 [M]. 北京：民族出版社，2009.

[43] 缪品枚. 闽东畲族文化全书·谱牒祠堂卷 [M]. 北京：民族出版社，2009.

[44] 石奕龙，张实. 畲族——福建罗源县八井村调查 [M]. 昆明：云南大学出版社，2005.

[45]《中国少数民族社会历史调查资料丛刊》福建省编辑组，修订编辑委员会. 畲族社会历史调查 [M]. 北京：民族出版社，2009.

[46] 郭松义. 伦理与生活——清代的婚姻关系 [M]. 北京：商务印书馆，2000.

[47] 景宁畲族自治县民族事务委员会. 景宁畲族自治县畲族志 [Z]. 景宁，1991.

[48] 福州市地方志编纂委员会. 福州市畲族志 [M]. 福州：海潮摄影艺术出版社，2004.

[49] 丽水地区畲族志编纂委员会. 丽水地区畲族志 [M]. 北京：电子工业出版社，1992.

[50] 朱丹. 畲族妇女口述史研究 [M]. 杭州：浙江工商大学出版社，2010.

[51] 南平市延平区畲族研究联谊会. 延平畲族 [M]. 厦门：鹭江出版社，2013.

[52] 雷阵鸣，雷招华. 畲族叙事歌集萃 [M]. 北京：中国人事出版社，2002.

[53] 雷后兴，李水福. 中国畲族医药学 [M]. 北京：中国中医药出版社，2008.

[54] 游文良．畲族语言 [M]．福州：福建人民出版社，2002.

[55] 雷弯山．畲族风情 [M]．福州：福建人民出版社，2002.

[56] 蓝鼎元．鹿州全集 [M]．厦门：厦门大学出版社，1995.

[57] 朱伟．林业习惯法初探 [D]．杭州：浙江农林大学，2011.

[58] 袁圆．浙江丽水畲族插花娘娘信仰探析 [D]．金华：浙江师范大学，2012.

[59] 蒋远鸾．花蓝瑶赘婚初探——以广西大瑶山门头屯为例 [D]．南宁：广西民族大学，2008.

[60] 潘新丽．中国传统医德思想研究 [D]．天津：南开大学，2010.

[61] 王亚民．海疆知县蓝鼎元的乡村治理研究 [D]．厦门：厦门大学，2007.

[62] 何子星．畲民问题 [J]．东方杂志，1932（30）.

[63] 杨国荣．伦理生活与道德实践 [J]．学术月刊，2014（3）.

[64] 陈文江，李小蓓．少数民族道德生活的内涵与特征 [J]．道德与文明，2013（2）.

[65] 沈新军．试论家谱的基本特征 [J]．图书馆研究与工作，2013（1）.

[66] 晏辉．契约伦理及其实现 [J]．道德与文明，2002（6）.

[67] 晁福林．试论春秋战国时期奴隶制的若干问题 [J]．北京师范大学学报，1996（6）.

[68] 覃寿伟．海洋视野下蓝鼎元的民本观 [J]．重庆工学院学报，2009（12）.

[69] 王亚民．蓝鼎元的伦理思想探微 [J]．吉林师范大学学报，2009（6）.

[70] 王政尧．清代“破肚将军”蓝理述论 [J]．清史研究，1996（4）.

[71] 朱火星．蓝廷珍与台中“蓝兴堡”的开发建设 [J]．台声，2000（4）.

[72] 邱国珍，赖施虬．畲族医药民俗述论 [J]．中央民族大学学报，2003（6）.

[73] 何星亮．中国少数民族传统文化与生态保护 [J]．云南民族大学学报（哲学社会科学版），2004（1）.

[74] 童恩正．中国古代的巫 [J]．中国社会科学，1995（5）.

[75] 雷后兴，等．中国畲族民间医药调查报告 [J]．中国民族医药杂志，2007（6）.

[76] 王泽鸿．畲医诊疗特点概述 [J]．中国民族医药杂志，2002（2）.

[77] 王泽鸿．畲族医药继承与发展的思考 [J]．中国民族医药杂志，2006（5）.

[78] 雷后兴，李水福，李建良．畲医用药特点与畲药用法研究 [J]．中华中

医药学刊，2013（9）.

[79] 马学良，戴庆厦. 论“语言民族学” [J]. 民族研究，1981（1）.

[80] 金成嬉. 畲族传统手工织品——彩带 [J]. 中国纺织大学学报，1999（2）.

[81] 雷光振. 景宁畲族彩带 [J]. 东方博物，2008（4）.

[82] 余海珍，邱慧灵，陈晓琴，等. 畲族彩带的文化传承 [J]. 浙江工艺美术，2009（1）.

[83] 王逍. 人生礼仪展演与集体记忆强化——以畲族“做表姐”斗歌习俗为例 [J]. 广西民族大学学报（哲学社会科学版），2010（6）.

[84] 蓝爱君. 浅谈畲族民歌的内容 [J]. 丽水学院学报，2005（6）.

[85] 邱国珍. 畲族刀耕火种生产述论 [J]. 温州师范学院学报，2005（3）.

[86] 朱庆好. 畲族山歌的口头传播特点及其当代生存危机 [J]. 新闻界，2012（24）.

[87] 张春兰，祁开龙. 畲族史诗《高皇歌》所反映的畲族社会教育情况 [J]. 宁德师专学报（哲学社会科学版），2010（3）.

[88] 吴丽，张宇丹. 影像人类学及其关键概念的解读 [J]. 云南艺术学院学报，2011（3）.

[89] 赵峰. 畲族母语使用现状探析 [J]. 皖西学院学报，2009（4）.

[90] 陈寿灿. 畲族伦理研究：基本内容与现代价值 [J]. 浙江工商大学学报，2013（6）.

[91] 雷伟红. 浅析畲族伦理形成和发展的历史根源和条件 [J]. 黑龙江史志，2014（5）.

[92] 雷伟红. 畲族生态伦理的意蕴初探 [J]. 前沿，2014（4）.

[93] 雷伟红. 从婚姻家庭看畲族妇女的地位 [J]. 中南民族学院学报，1998（1）.

[94] 任迎春. 她先后医治过 40 多位红军战士——追记景宁民间畲医钟金钗 [N]. 丽水日报，2007-03-16.

[95] 王振生. 景宁全力开发“畲药”[N]. 中国中医药报，2006-01-27.

[96] 章关春，何琦环，鄢莲和. 我国民族医药又一奇葩：畲族医药 [N]. 中国中医药报，2008-09-01.

[97] 叶秀华，刘红. 景宁斥资百万实施“畲族语言应用与保护工程”[N]. 丽水日报，2007-08-31.

后记

畲族是我国南方最主要的少数民族之一，畲族伦理的内容丰富多彩。研究畲族伦理有两个基本维度：一个是从传统到现代的历史演进的维度，是关于畲族伦理生活的历史画卷；还有一个是民族交流的维度，是关于畲族和其他民族之间交流、交往、交融的生动图景；而且上述两者之间还是相互交织在一起，与时偕行。

《畲族伦理的镜像与史话》并不是对畲族伦理生活的宏观叙事与系统化表达，而是在史料考察与田野调查的基础上，运用深度访谈与影像记录，呈现畲族伦理文化的基本特质与发展变化，剖析畲族伦理与畲族人民生活、风俗习惯、信仰文化等方面的内在关联与人文机理。

值得指出的是，本书所应用的访谈资料，是深入乡村社区、田间地头的个案调研，更关注伦理文化和道德生活中的微观层面。在这个快速变化的时代，东南地区少数民族的变化更加快速。我们通过对这些个案与细节的收集、分析和解释，其价值不仅在于保存这些原始性的访谈资料，而且对于理解畲族的伦理生活是极富意义的。在一定意义上，这正是我们认识与研究畲族伦理的一个知识通道。

同样需要指出的是，本书所应用的摄影图片，都是在田野调研过程中直接摄取的影像记录。我们认为摄影作为现代社会的认知工具，它是叙事与隐喻的统一。摄影的价值首先是用来叙事记录，是事物形象的表达工具；同时摄影的价值，在于它的隐喻性。一张好的图片，不但在于它记录了多少信息，更在于它显示了多深的隐喻——它不依赖信息生存，它以自身显示出来的关于对象的阐释而独立。本书对于图片的应用，正是试图在叙事与隐喻的统一之境中，反映畲族的伦理生活。

以方法论为核心的哲学反思是超越科学中现成思维模式的不可或缺的手段，是获取科学突破的重要条件。本书的特色在于研究方法上的创新，除了运用文献研究方法和比较研究这些传统方法之外，还采用了伦理人类学和影像人类学的研究方法。通过伦理人类学、影像人类学的研究方法，展示了畲族传统伦理的样态及其在社会发展过程中的变迁形态，勾勒出了一幅畲族伦理真实画像，展现了畲族优秀的伦理道德的深邃内涵。课题组成员利用寒暑假时间，多次深入畲族聚居区，深入浙西南和闽东这两个畲族最大的聚居区，也是畲族文化最具特色的地区，进行了较长时间的调研，收集到了大量的第一手资料，拍摄到了大量珍贵的图片，其中这些文字与影像材料的部分内容已在书中展示。

在调研过程中，我们得到了浙江省松阳县民宗局、松阳县板桥畲族乡、景宁畲族自治县民宗局、泰顺县竹里畲族乡的帮助，也得到了福建省民族与宗教研究所、宁德市民宗局、宁德市关工委、中华畲族宫等单位的热情支持。特别是受到了畲族同胞的热情帮助，他们是：浙江省云和县山脚畲村雷余庆、钟新元、蓝元花、雷金妹、蓝水花、蓝章，云和县城畲医蓝余兴；松阳县象溪镇文化站工作人员蓝金生、村头村蓝水根、上梅村村支书蓝水法，板桥畲族乡乡长雷叔文、金村村支书蓝海金、村委主任蓝塘仁，后塘村村委主任蓝龙奇、蓝月林；泰顺竹里畲族乡党委书记钟圣远、竹里村雷君土；景宁畲族自治县鹤溪街道东弄村蓝光进、蓝余根、蓝延兰、蓝德正，畲医雷建光；福建霞浦县白露坑村钟昌尧、雷其松，水门畲族乡半岭村雷曾铁；福建省民族与宗教研究所原所长蓝炯熹、现任所长张忠发、副所长谢世清、研究员陈华；宁德市关工委主任钟雷兴，蕉城区民族与宗教事务局雷良裕，上金贝村委主任蓝春华，蕉城区八都镇猴墒（盾）村雷美凤、雷富良等。他们不仅接受了我们的采访，还和我们分享了他们的经历和故事，让我们真切地体味到道德情感的快乐，品味到伦理生活的美好。在此我们对上述单位和人员的支持及帮助表示最诚挚的谢意！

本书由“浙江省重点创新团队——价值培育与道德建设研究创新团队”相关成员合作写成。全书的总体结构、研究理路与方法、版面布置由陈寿灿教授设计并撰写提要；前言、Ⅰ部分文字由陈寿灿、徐志成撰写；Ⅱ、Ⅲ、Ⅳ、Ⅴ、Ⅵ部分文字由雷伟红副教授（畲族）撰写；图片由陈寿灿、董瑜拍摄；徐志成、胡琳玉、孙荣昌参加了2014年7月份的调研，并整理了部分访谈资料。

本书的出版得到了浙江工商大学法学院的部分资助，浙江工商大学出版社张婷婷、王好驰编辑为本书的出版付出了辛劳，在此表示感谢。

本书是2013年度教育部人文社会科学研究一般项目《畲族传统伦理及其现代变迁》（项目批准号：13YJAZH038）的最终成果；也是2013年国家重大社科研究项目《我国多民族道德生活史总论》（项目批准号：13Y&ZD064）之子项目《畲族道德生活史研究》的阶段性成果。由于时间、精力和知识有限，本书还有一些内容没有涉及，所涉及的内容，亦有不少误漏之处，恳请读者批评指正。

陈寿灿

2015年3月于杭州

绿谷人家

举人府一角

与福建民族宗教研究所原所长、著名的
畲族文化研究者蓝炯熹（右二）合影

与温州市畲族谚语传承人雷君土（右二）合影

与宁德市关工委主任钟雷兴（左二）合影

与霞浦县溪南镇白露坑半月里自然村的
村民雷其松（左三）合影

在景宁与畲族大学生雷懿（右二）合影

采访松阳县板桥畲族乡金村村支书蓝海金（右二）
和村委主任蓝塘仁（右三）

采访板桥畲族乡后塘畲村法师蓝月林（左一）

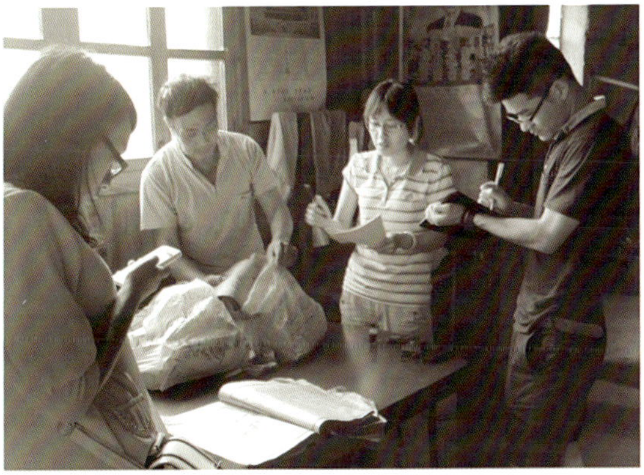

采访松阳县象溪镇村头村巫师蓝水根（左二）

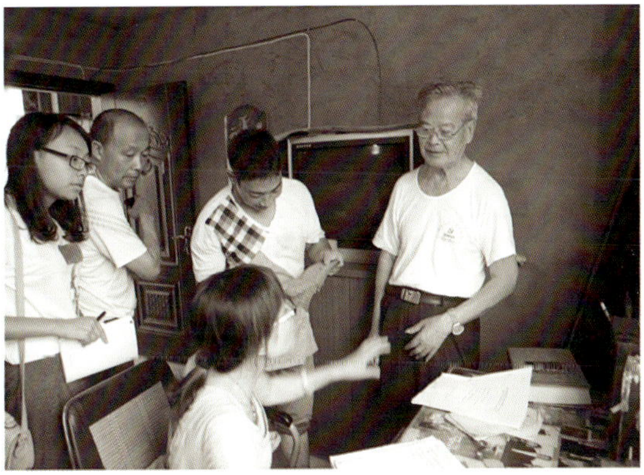

采访第四代歌王钟昌尧（右一）

与国家级畲族民歌项目传承人雷美凤（右二）合影

龙泉竹垟畲族乡调研时合影

图书在版编目（CIP）数据

畲族伦理的镜像与史话 / 雷伟红，陈寿灿著. — 杭州：浙江工商大学出版社，2015.11

ISBN 978-7-5178-1149-7

Ⅰ. ①畲… Ⅱ. ①雷… ②陈… Ⅲ. ①畲族—伦理学史—研究—中国 Ⅳ. ①K288.3 ②B82-092

中国版本图书馆CIP数据核字（2015）第150729号

畲族伦理的镜像与史话

雷伟红 陈寿灿 著

责任编辑 张婷婷

装帧设计 王好驰

责任印制 包建辉

出版发行 浙江工商大学出版社

（杭州市教工路198号 邮政编码310012）

（E-mail：zjgsupress@163.com）

（网址：http://www.zjgsupress.com）

（电话：0571-88904980 传真：0571-88831806）

印　　刷 杭州五象印务有限公司

开　　本 710mm×1000mm 1/16

印　　张 14.75

字　　数 257千

版 印 次 2015年11月第1版 2015年11月第1次印刷

书　　号 ISBN 978-7-5178-1149-7

定　　价 49.00元

浙江工商大学出版社营销部邮购电话 0571-88904970